Umschlagfotos:
Umschlag der Ausgabe des Österreichischen Agrarverlages: Titelbild, Freisteller und Umschlagrückseite: Daniel Böswirth, Wien

Umschlag der Ausgabe des Eugen Ulmer Verlages: Titelbild: Brigitte Thomas/GBA Strauß; kl. Bild oben und unten sowie Umschlagrückseite: Daniel Böswirth, Wien

Bildquellen Inhalt: Thinschmidt: 15, 18, 26, 40, 57, 86, 96; Böswirth: alle übrigen

Alle Angaben in diesem Buch wurden gründlich geprüft und recherchiert. Für die Richtigkeit der Angaben wird dennoch keine Haftung übernommen.

Impressum

© 2002 Österreichischer Agrarverlag Druck- und Verlagsges.m.b.H. Nfg. KG, Achauerstraße 49A, A-2335 Leopoldsdorf
© 2002 Eugen Ulmer GmbH & Co., Wollgrasweg 41, D-70599 Stuttgart (Hohenheim)

Die Deutsche Bibliothek - CIP-Einheitsaufnahme
Ein Titelsatz für diese Publikation ist bei Der Deutschen Bibliothek erhältlich.

Lektorat: Veronika Schubert, Österreichischer Agrarverlag
Korrektorat: Bettina Jakl-Dresel
Umschlag der Ausgabe des Österreichischen Agrarverlages: armanda.geisler, Wien
Umschlag der Ausgabe des Eugen Ulmer Verlages: Atelier Reichert, Stuttgart
Grafische Gestaltung & Satz: GSB – Graphikdesign Smitty Brandner
Illustrationen: Elisabeth Fritsche
Bildreproduktion: Dominici Werbeagentur
Printed in Germany
Druck und Bindung: aprinta GmbH, Wemding

ISBN (Österreich): 3-7040-1876-7
ISBN (Deutschland): 3-8001-3827-1

Daniel Böswirth • Alice Thinschmidt

Wege und Terrassen

Planen und Anlegen

Verlag Eugen Ulmer
Österreichischer Agrarverlag

Inhaltsverzeichnis

Inhaltsverzeichnis

Vorwort 7

Wege 8

Planung 10

Funktion und Dimension 14

Quer durch die Botanik 15

Wege übers Wasser 16

Terrassen und Sitzplätze 18

Planung 20

Von der Terrasse in den Garten 22

Sitzplätze im Garten 25

Materialien 28

Auswahl 30

Naturstein 34

Betonwerkstein 43

Pflasterklinker 46

Fliesen 51

Holz 53

Andere Materialien 55

Verlegen ins Sandbett 58

Sandbett oder Mörtelbett? 60

Vom Plan ins Gelände 61

Technischer Aufbau 62

Mosaik-, Klein- und Großpflaster 71

Verlegen ins Mörtelbett 74

Für und Wider 76

Technischer Aufbau 76

Verlegen ins Mörtelbett 78

Verfugen 80

Absäuern 81

Muster 82

Ungewöhnliche Lösungen 84

Kombination verschiedener Materialien 86

Muster und Details 90

Pflaster und Pflanzen 94

Vorwort

Bizarrer Raureif der Gräser im Kiesbeet, die alte Laube mit den langen, duftenden lila Blütentrauben der Glyzinien oder das Glänzen der gelb blühenden Sumpfdotterblumen am Teichufer … immer sind es die Wege im Garten, die an die schönsten Plätze heranführen und Nähe schaffen. Ob Wege einen Garten simpel durchkreuzen oder sich in ein Gesamtkonzept einfügen, ist eine Frage der Planung.

Im Garten sitzen zu können, essen, plaudern, feiern … dazu braucht es einen Platz oder auch gleich mehrere verschiedene. Sitzplätze zu gestalten ist wie ein Zimmer einrichten: einen passenden Bodenbelag finden, bequeme Möbel aussuchen, grüne Wände formen. Durch Sträucher und Schlinger abgeschirmt oder offen in der Sonne, gleich beim Haus oder in der entferntesten Ecke … ein schöner Sitzplatz lädt zum Wohnen im Freien ein.

Fantasievoller Umgang mit Steinen schafft ungewöhnliche Details wie Splittermosaik, versenkte Mühlsteine oder eine Regenrinne aus bunten Kieseln und Muscheln, die einen schlichten Gartenweg oder eine öde Terrasse in etwas ganz Besonderes verzaubern. Grüne Fugen und ausgesparte Pflanzinseln beleben das gepflasterte Meer aus Steinwürfeln.

Auf dem langen Weg, die Ideen und Anregungen von Gartenreisen oder Büchern in die Praxis umzusetzen, liegen zwei große Stolpersteine: die Qual der Wahl beim Material und die technischen und handwerklichen Fragen, die sich beim Verlegen auftun. Unsere Erfahrungen aus vielen Jahren Praxis sind in den Fotos und Schritt-für-Schritt-Anleitungen festgehalten.

Daniel Böswirth
Alice Thinschmidt
Wien, im September 2002

Wege

Schreiten und promenieren, trippeln und laufen, in Gedanken versunken oder konzentriert – der Weg unter den Füßen bestimmt die Art des Gehens.

Nicht nur kann man mit gut geplanten Wegen einen Garten effektvoll gliedern – ein gelungenes Pflaster ist für sich allein ein schöner Anblick.

Planung

Ein Weg ist eine Verbindung von zwei Punkten. Die wenigen Meter vom Gartentor zum Hauseingang werden meist als kürzestmögliche Variante schnurgerade angelegt. Rund um das Haus verläuft unter dem Dachvorsprung ein Traufenpflaster. Vielleicht gibt es noch ein paar Ziegel nebeneinander gelegt zwischen den Beeten des Gemüsegartens, dann ist das Kapitel Wegeplanung meist auch schon abgeschlossen.

Das Ergebnis sieht in vielen Gärten gleich aus: Die Linienführung gehorcht ausschließlich dem Gebot der Notwendigkeit und folgt im Wesentlichen der Architektur des Hauses oder verbindet die wichtigsten Elemente des Gartens mit einfallslosen Strichen. Die Gestaltung der Oberflächen und der vielen kleinen Details beschränkt sich auf die reine Funktion: Der Weg muss nach Regen rasch trocknen und leicht zu reinigen sein. Die betonierte, in rechten Winkeln das Haus umrundende „Autobahn" ist die fantasielose Quintessenz daraus.

Es lohnt sich, die Schritte der nächsten Jahre schon heute in Bahnen zu lenken, die mehr sind als pure Funktion: ein schönes, oftmals unterschätztes Gestaltungselement.

Geschwungene Formen oder eine interessante, geometrische Linienführung, die unregelmäßige Oberfläche von Pflastersteinen, betont breite, begrünte Zwischenräume oder minimale Knirschfugen – unendlich viele Möglichkeiten haben Sie in der Hand, Ihren Garten zu gestalten und um überraschende Details zu bereichern.

> ### TIPP
>
>
>
> *Vermeiden Sie bei Wegen unbegründete Richtungsänderungen oder zu enge Radien bei Kurven.*
> *Ein ernst zu nehmendes Hindernis an der Innenseite der Biegung wie ein imposanter Solitärstrauch verhindert Abkürzer und macht das Gehen spannender, weil man den Weg nicht bis zum Ende einsehen kann.*

Perspektive und Blickwinkel

Ungewohnte Ausblicke, Überraschungen nach einer verdeckten Kurve oder eine neue Sichtachse, die sich auftut – Wege verführen im wahrsten Sinne dazu, das Haus, den Teich, ein schönes Beet oder den ganzen Garten von einer neuen Seite zu betrachten.

Gehen Sie während des Planens bewusst in Ihrem Garten umher und suchen Sie nach Orten, die interessante, schöne Perspektiven ermöglichen. Verbinden Sie solche Orte durch einen Weg, so können Sie die Wahrnehmung Ihres Gartens wesentlich beeinflussen.

Gelenkte Schritte

Ein Weg bietet die Möglichkeit, bestimmte Teile zu erschließen und zu präsentieren, andere aber wiederum links liegen und in Ruhe zu lassen. Wobei Sie immer davon ausgehen können, dass sich niemals alle und schon gar nicht die Kinder an Ihre wohl durchdachte Planung halten werden. Aber ein paar Ausreißer sind noch nicht wirklich ein Problem. Überlegen Sie anhand eines Rundganges und anschließend mithilfe eines Grundrisses vom Grundstück, wo Sie sich viel Trubel und Bewegung wünschen und wo Sie Ruhe und Abgeschiedenheit im Garten vorziehen würden.

Gibt es auch Bereiche, die sich selbst überlassen werden sollen oder steht der gesamte Garten den (menschlichen) Bewohnern zur Verfügung? Refugien für Igel, Ringelnatter oder Eidechsen müssen den scheuen Tieren auch Ruhe garantieren.

Trampelpfade

Die Gestaltung des Gartens muss nach dem Hausbau manchmal noch ein wenig warten. Bespielt, begangen und genutzt wird das Grundstück aber schon, und die am häufigsten beschrittenen Wege lassen sich bald absehen. Eine Erleichterung für die Planung, denn diese Gestalt gewordenen Funktionslinien können gleich in Ihre Überlegungen einfließen.

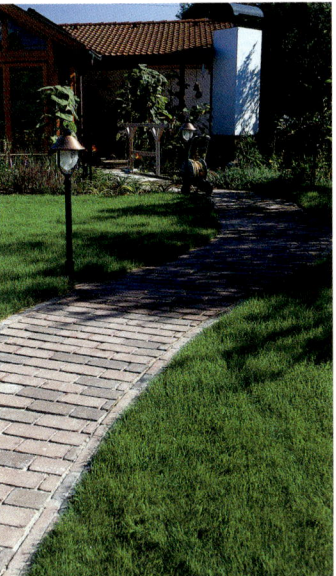

Bevor das Pflaster und der Fertigrasen verlegt werden können, müssen die Leitungen für die Beleuchtung in der Erde sein. Der gut gelungene Schwung des Weges ist kein spontanes Werk, sondern das Ergebnis genauer Planung, vieler Versuche auf dem Papier und exakter Übertragung vom Plan ins Gelände.

Planungs-Beispiele

Eine Ausgangssituation und vier verschiedene Wegvarianten

Ausgangssituation

Zeichnen Sie die baulichen Gegebenheiten und die Grundstücksgrenzen maßstabsgetreu auf ein Blatt Papier. Wichtig sind auch die Nordrichtung, unterirdische Leitungen, der Bestand an alten Bäumen und Sträuchern und Elemente der Nachbargrundstücke, die auf Ihren Garten Einfluss ausüben (Beschattung, angrenzende Wege, Fenster).

Legen Sie Planskizzenpapier (oder Transparentpapier) darüber und zeichnen Sie nur die groben Funktionslinien ein: Wo muss man öfters gehen? Wo sitzt man? Welche Verbindungen sind wichtig? Wo sind die Eingänge zum Haus?

Nehmen Sie sich Zeit und legen Sie nun Skizzenpapier um Skizzenpapier über den Grundriss. Probieren Sie darauf Schwünge und Kurven aus und zeichnen Sie so viele Varianten, wie Ihnen nur einfallen. Die folgenden vier Beispiele zeigen, wie Wege dem Garten unterschiedliche

Gliederungen geben können und die Gestaltung entscheidend prägen. Unser Beispiel zeigt ein schmales, ebenes Grundstück mit Einfamilienhaus und Garage/Carport.

Variante 1
Diagonal geführte Wege gliedern den langen Garten stark und schaffen mehrere kleine Räume, die sich aber erst nach und nach erschließen. Dichte Strauchgruppen oder auch Mauern unterbrechen die freie Sicht und verhindern, dass man den Garten von der Terrasse aus auf einmal überblicken kann. Die Gestaltung macht den langweiligen Grundriss spannender und lässt den Garten größer und abwechslungsreich wirken, es bleiben aber keine großen Flächen frei. Am Wendepunkt des Weges ist Platz für gemauerte Hochbeete mit Gemüse oder ein formales Wasserbecken. Auch ein Sitzplatz, dem Becken gegenüber rechts des Weges oder ein schöner Brunnen (im Falle eines Gemüsebeetes) wären eine Möglichkeit. Am Ende des Weges sollte ein Ziel warten: ein weiterer Sitzplatz, Wasser in irgendeiner Form, ein Ausgang oder ein versteckter Spielplatz. Für die Rückkehr zur Terrasse gibt es eine kleine Alternative: schnurstracks am Zaun entlang über den Rasen.

Variante 2
Eine häufig anzutreffende Wegeführung: Genau in der Mitte verläuft der Weg bis ans hinterste Ende des Gartens. In seiner gesamten Länge ist er auf einen Blick zu überschauen, verborgene Geheimnisse wird man hier

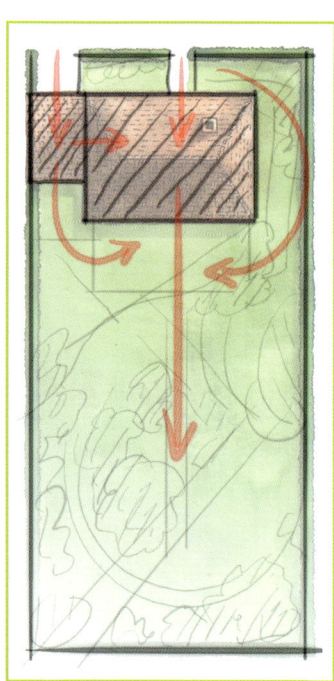

Funktionslinien

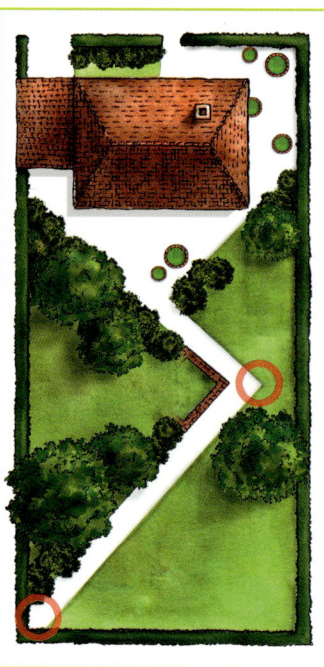

Variante 1

Variante 2

vergeblich suchen. Die Teilung in zwei gleich große Hälften schafft eine starke Symmetrie, die ihren Reiz haben kann. Der Bepflanzung kommt eine wichtige Rolle zu: Sie kann die formale Spannung noch erhöhen oder auflösen. Am Ende sollte ein Ziel warten, das es lohnt, sich auf den Weg zu machen.

Variante 3
Ein Garten ohne Weg. Nur der Bereich rund um das Haus ist erschlossen, der Rest des Grundstückes kommt ohne lenkende Bahnen aus.

Die Rasenfläche ist Weg, Spielplatz und manchmal Sitzplatz zugleich. Dementsprechend muss hier besonderes Augenmerk auf die richtige Rasensamenmischung gelegt werden, die den Belastungen standhält.

Gärten, die nur zum Anschauen gedacht sind oder ganz selten benutzt werden, kommen gut ohne Wege aus. Bepflanzung und Ausstattung mit anderen Gartenelementen fungieren nur als Kulisse. Vor der Terrasse ist ein guter Platz für einen Blickfang (wie Quell-

stein, Skulptur oder Solitärpflanzen).

Variante 4
Ein Rundweg sollte zum Gehen eher einladen als die freie Fläche, die er umschließt, damit er angenommen wird. Ganz nah vorbei an einem Teich führt er zu einem (vorläufigen) Ziel. Hier kann ein zweiter Sitzplatz sein, der sich von der Terrasse unterscheidet, etwa ein schattiges Plätzchen oder ein schöner Pavillon.

Von der Rasenfläche durch dichte Sträucher und vorgepflanzte Stauden oder durch eine kleine Mauer abgeschirmt, wirkt der Sitzplatz geborgener. Der Weg könnte hier enden oder den Bogen als „Waldweg" zurück bis zur Terrasse schließen. Anders als der Abschnitt beim Teich ist er schattig, schmäler und den Blicken fast ganz entzogen. Er ist mehr als ein Angebot zu verstehen, falls man nicht dieselbe Strecke zurückgehen will. Schattenstauden, Farne und frühjahrsblühende Zwiebel- und Knollenpflanzen schaffen in diesem Teil des Rundweges einen ganz eigenständigen Charakter.

Variante 3

Variante 4

Funktion und Dimension

Breite

Ob Sie jeden Tag mehrere Male oder nur dann und wann einen Weg betreten, entscheidet über seine technische Ausführung genauso wie über seine Breite. Auch das Material hat dabei ein Wörtchen mitzureden. Polygonalplatten (siehe Skizze Seite 83) im Schrittabstand gelegt ergeben schmale Pfade, Pflastersteine können beliebig breit nebeneinander gesetzt werden. Die Nutzung bestimmt die Dimension: Für einen Weg zur Erleichterung der Arbeiten im Gemüsebeet reicht zum Beispiel eine Ziegelbreite.

Stark frequentierte Wege sollten auf keinen Fall zu schmal gebaut werden. Damit eine Person bequem darauf gehen kann, rechnen Sie 60 cm, für zwei Personen, die miteinander oder aneinander vorbei gehen wollen, mindestens 120 cm Breite. Denken Sie bei häufig begangenen Wegen auch an Umzüge, an Transporte von Möbeln, ein- und auszuwinternde Kübelpflanzen usw.

Tiefe

Wollen Sie fahren oder gehen? Wieviel Belastung muss der Weg aushalten können? Sind Sie in einer raueren Gegend daheim oder werden Sie von strengen und lange anhaltenden Frösten verschont? Ist der Boden auf Ihrem Grundstück hart, felsig und dicht oder weich, humos und instabil? Alle diese Fragen müssen gestellt werden, um die Tiefe des Aufbaues richtig dimensionieren zu können. Lesen Sie weiter auf Seite 62.

Wegrand

Durch erhöhte Begrenzungssteine, vielleicht durch ein anderes Material oder eine andere Farbe auch optisch vom Pflaster abgesetzt, wird die scharfe, trennende Linie noch hervorgehoben. Ausgefranste, unregelmäßige Ränder verzahnen den Weg mit der Bepflanzung links und rechts des Weges. Verwenden Sie hier vor allem kompakt bleibende Blütenstauden, Farne oder Gräser, die auch nach Jahren noch Platz zum Gehen übrig lassen und nicht durch Wuchern, Umfallen oder Kurzlebigkeit zum Ärgernis werden.

Bergauf und bergab

Gärten am Hang bringen eine Dimension mehr ins Spiel. Sind noch größere Erdbewegungen geplant, so sollten Sie dabei auch immer den künftigen Weg im Auge behalten. Er kann stetig steigen oder Sie terrassieren den Hang und lassen ebene Passagen mit Treppen abwechseln.

TIPP

Wegkreuzungen sind heikle Bereiche. Es fallen viele kleine Restflächen und „Zwickel" an, und beim Zusammentreffen zweier unterschiedlicher Wegebeläge muss man schon einige Übung im Pflastern haben, um eine schöne Lösung zustande zu bringen. Andererseits bietet sich die Gelegenheit, die Kreuzung zu betonen und einen Platz daraus zu machen. Sie können so verschiedene Beläge geschickt kombinieren und zu einer Einheit verbinden.

Quer durch die Botanik

Eine nicht zu unterschätzende Funktion von Wegen ist es auch, Gartenbenützer von den Pflanzen fern zu halten. Nur Rasen als einzige begehbare Pflanzendecke lässt Tritte und Trampeln zu. Allen anderen Bepflanzungsformen schadet die „Mitbenutzung" des Gartens durch den Menschen mehr oder weniger. Einige Beispiele zeigen, wie man hier das Angenehme mit dem Nützlichen verbinden kann.

Gemüsegarten

Nicht nur das Ernten, sondern auch das Jäten, Hacken, Säen wird leichter, wenn das Gemüsebeet von einigen befestigten Wegen durchzogen ist. Um ein Beet bequem bearbeiten zu können, sollte es nicht breiter als etwa 1,2 m sein. Bei doppelter Breite kann von links und rechts gearbeitet werden. Rindenhäcksel ist ein billiges Material, das

▶ *Holzbretter rund um Beete im Bauern- und Gemüsegarten sorgen dafür, dass der Rindenhäcksel auch auf dem Weg bleibt und die Grenzen zu den Beeten nicht verwischt werden. Änderungen in der Einteilung von Beeten und Wegen bleiben aber jederzeit möglich.*

auch nach starkem Regen schnell abtrocknet und gegen Unkraut zumindest einige Zeit wirksamen Schutz bietet. Der Belag ist schnell wieder abgeräumt, wenn im nächsten Jahr ein Beet vergrößert oder ein Weg umgeleitet wurde. Bei Regenwetter ist ein gepflasterter Weg angenehm, wenn man schnell für die Küche ein paar Kräuter oder einen Salat aus dem Garten holt.

Blumenwiese

Eine langhalmige Blumenwiese ist zu schön, um sie durch Betreten zu stören. Es sei denn, man hält mit Hilfe eines Rasenmähers eine Schneise frei. Mit diesem rasenbewachsenen Weg, der gerade, geschwungen oder mit rechten Winkeln ganz beliebig geführt werden kann, ist ein Kompromiss gefunden, der die Wiese zu einem Erlebnis werden lässt, obwohl sie rechts und links davon unangetastet bleibt.

Blumenbeet

Eintauchen in das Blütenmeer, ohne Schaden anzurichten oder beim Blumenschneiden für die Vase einfach besser hinlangen können: Der Reiz einer Staudenrabatte oder

eines Sommerblumenbeetes liegt nicht nur im Betrachen allein. Die Formen und Farben der Blüten oder der Schmuck des Laubes sollten aber im Vordergrund stehen, nicht der Weg, der sich hindurchschlängelt. Trittsteinplatten bieten sich ebenso an wie ein in Sand verlegtes Großsteinpflaster. Der Weg ist aber bequem genug für einen gelegentlichen Abstecher und zugleich sehr praktisch, wenn Zwiebeln und Knollen für den ersten Frühlingsflor gepflanzt werden müssen oder Verblühtes zurückzuschneiden ist.

Wege übers Wasser

Ein Schwimmteich oder ein großer Teich prägen das Antlitz eines Gartens. Um im dichten Ufersaum überhaupt bis zum offenen Wasser zu gelangen oder beim Baden hineinspringen zu können, sind Holzstege am gebräuchlichsten. Doch warum die reizvollen Möglichkeiten, die Wege zum, am und übers Wasser bieten, nicht zur Gänze ausschöpfen?

Brücken

Einen Teich auch überqueren und nicht nur vom Ufer aus

betrachten zu können, macht Wasser noch anziehender und erhöht den Reiz eines Wassergartens. Die Überquerung sollte aber in das Wegekonzept des übrigen Gartens eingebunden sein, zu einem Ziel führen oder Teil eines ruhigeren Nebenweges sein.

Trittsteinwege

Sie erschließen unmittelbarer als Stege oder Brücken die belebten Flachwasserzonen. Im Zierteich oder im Flachwasserteil eines Schwimmteiches liegen sie im Schrittabstand aufgefädelt hintereinander. Die Form und Größe der Steine und vor allem ihre einige Zentimeter aus dem Wasser ragende Oberseite bestimmen, ob man schnell oder langsam, leicht, konzentriert oder gar nur vorsichtig springend das andere Ufer erreichen kann.

Zwischen Teichfolie und Schotter schützt eine Lage Vlies entlang des Weges vor Verletzungen der Abdichtung. Große, schwere Blöcke werden „trocken" gelegt, kleinere Trittsteine müssen in Magerbeton (Sand 0/16 zu Zement im Verhältnis 3:1) gebettet werden. Je größer und ebener die Trittsteine, desto bequemer kann man darüber gehen.

Unmittelbar neben den Steinen sollten nur robuste Pflanzen verwendet werden, die einen gelegentlichen Tritt daneben überstehen. Schwimmblattpflanzen wie die Seekanne *(Nymphoides peltata)* oder in kleinen Teichen das weniger stark wachsende Froschkraut *(Luronium natans)* sind ideal, denn ihre unterirdischen, flutenden Triebe sind elastisch und bilden zahlreiche Tochterrosetten.

Der Trittsteinweg ist eher ein kleiner Abstecher zum Balancieren als eine Hauptverbindung zum Steg.

Terrassen und Sitzplätze

Frühstücken in der ersten, warmen Frühlingssonne, ein Mittagsschlaf in der sommerlichen Hitze, in einer lauen Herbstnacht noch einmal grillen … Terrassen und Sitzplätze sind Küche, Wohnzimmer und Esszimmer in einem. Gute Planung hilft, dass Sie sich auch unter freiem Himmel wohl fühlen.

Planung

Untrennbar mit dem Haus verbunden sind grundsätzliche Überlegungen nicht nur zur Lage einer Terrasse, sondern auch zu Fragen wie Zugang von drinnen, Ausrichtung zur Sonne, Größe und Form, Bodenbelag, Einbindung in den Garten oder Abschirmung und Sonnenschutz.

Durchdachte Lösungen machen aus dem betonierten Viereck hinterm Haus einen gemütlichen, schönen Platz. Eine ebenerdige Terrasse ist mit dem Garten einfacher zu verbinden als eine erhöhte Fläche, die mit einer Böschung umgeben ist. Aber auch hier gibt es reizvolle Ideen und interessante Kombinationen mit anderen Gartenelementen wie zum Beispiel Bachlauf, Treppe oder Steingarten.

Sonne

Die beste Ausrichtung einer Terrasse ist eine Südost- oder Südwestlage. Direkt nach Süden weisende Flächen, die noch dazu die Hauswand als Hitzeschild im Rücken haben, heizen sich im Sommer stark auf und können in den Mittagsstunden nur mit gutem Sonnendach oder großen Schirmen benutzt werden. Eine teilweise nach Osten blickende Terrasse holt die Morgensonne zum Frühstück, gegen Westen kann man lange Sommerabende in der Sonne sitzen.

Schatten

Nicht nur die Himmelsrichtung, sondern auch Bäume, hohe Sträucher oder Gebäude bestimmen, ob sie eher mit Schatten oder den ganzen Tag mit Sonne rechnen können. Kalkulieren Sie bei der Planung Ihres Gartens auch die nach zehn oder fünfzehn Jahren erreichte Größe der neu gepflanzten Gehölze ein. So manche Terrasse ist schon wie ein Dornröschenschloss hinter Sträuchern verschwunden.

Wer nicht nur frühmorgens und abends auf der Terrasse sitzen will, sollte sich um guten Sonnenschutz kümmern. Ausrollbare Markisen, windstabile Sonnenschirme und elegante Sonnensegel sind flexible Elemente. Eine berankte Pergola spendet unverrückbar und verlässlich vom Frühjahr bis zum Herbst den ersehnten kühlen Schatten.

TIPP

Mit einjährigen Schlingern lässt sich eine rasche, immerblühende Begrünung für einen Sommer zaubern: Trichterwinde (Ipomoea tricolor), Sternwinde (Mina lobata) oder die kletternden Kapuzinerkressen (Tropaeolum majus und T. peregrinum) und der Flaschenkürbis (Lagenaria siceraria) schließen ab Juni ihren Vorhang aus Blättern, Blüten und Früchten. Klettergemüse wie Feuer- und Stangenbohnen, Kletterzucchini (Sorte 'Black Forest'), Speisekürbisse ('Ushiki-Kuri' u.a.) oder die dekorative, aber sehr wärmebedürftige Bittergurke (Momordia charantia) schmücken sich nach der Blüte mit essbaren Früchten fürs Auge und für den Kochtopf. Pergola, Sichtschutzgitter oder senkrecht gespannte Drähte geben den Ranken Halt oder lassen sich von windenden Stängeln eng umschlingen.

Ein dicht belaubter, hoher Baum hält die sengende Mittagssonne von Haus und Terrasse fern, lässt aber die willkommene Morgen- und Abendsonne heran.

Bodenbelag

Ein dunkles Naturstein- oder Klinkerpflaster kann sich in der prallen Sonne unangenehm aufheizen und sollte bei Südlagen beschattet werden können. Holz gleicht Temperaturen aus und wirkt in der kühlen Jahreszeit wärmer und wohnlicher als ein Natursteinpflasterbelag. Witterungsbeständige Klinker und Terrakottafliesen schaffen eine behagliche, häusliche Atmosphäre.

Wenn ein Esstisch mit langem Tischtuch, viele Sessel und bequeme Liegen die Terrasse dauerhaft bevölkern, dann geht das aufwändig gelegte Mosaikpflaster oder ein kunstvolles Mischpflaster zu ihren Füßen unter oder ist schlicht unpraktisch. Regelmäßig verlegte, großformatige Platten passen dann besser und schaffen eine ebene Basis für Tisch- und Sesselbeine. Frostschutzschichte und Tragschichte einer Terrasse müssen ausreichend tief dimensioniert und gut verdichtet werden oder Sie betonieren eine Platte, auf der Sie das Pflaster plan verlegen können.

Vergessen Sie bei der Wahl des Pflastermaterials für die Terrasse auch nicht, dass Sie möglicherweise eine Treppe oder einen Weg anschließen müssen, um in den Garten zu gelangen. Die Steine oder Fliesen sollten dazupassen oder gleich bei der Gestaltung der Stufen verwendbar sein.

Sitzgelegenheiten

Es müssen nicht immer nur Sessel und Liegen sein, die zum Ausspannen einladen. Hängematten lassen sich zwischen Hauswand und Pergolasteher leicht befestigen.

Sitzmauern grenzen die Terrasse wirkungsvoll ein, betonen gerade Linien oder bringen einen neuen Schwung in die manchmal monotonen Pflasterflächen. Als Bank benutzt machen sie sperrige Sitzmöbel überflüssig, die eine kleine Fläche nur verstellen würden. Ungewöhnliche Sitzgelegenheiten lassen auch unkonventionelle Begegnungen etwa bei Festen zu, statt jeden auf seinen Sessel zu nötigen.

Sitzmauern und Pflasterbelag sind aus demselben belgischen Klinker gebaut. Auch Pergolamäuerchen, auf denen die Holzsteher ruhen, können in eine Sitzmauer einbezogen werden.

Von der Terrasse in den Garten

Terrassen scheinen oft mehr zum Haus als zum Garten zu gehören, obwohl sie sich doch eindeutig im Freien befinden. Die Kunst besteht darin, sie in den Garten einzubinden und trotzdem als intimen und geschützten Bereich abzugrenzen. Eine eher lockere als strenge Gestaltung hilft dabei: unregelmäßige Pflasterränder, die eine Terrasse mit den Pflanzen rundum „verzahnen", oder im Pflaster ausgesparte Inseln. Hier können auffallend blühende Solitärpflanzen wachsen, Küchenkräuter gedeihen oder Schlingpflanzen wurzeln. Die gleichen Pflanzen außerhalb und auf den „Inseln" lösen die strenge Grenze einer Terrasse optisch auf.

Oft sieht man Gartenmöbel verwaist und unbenutzt hinterm Haus umherstehen. Wenn eines Tages die Frage aufgeworfen wird, wozu man die Terrasse überhaupt braucht, dann ist es an der Zeit zu planen und zu kombinieren, Funktionen zusammenzulegen und wieder Leben auf die öde Fläche zu bringen. Wer sagt, dass man hier nur sitzen darf?

Terrasse und Küchengarten
Frische Kräuter wachsen in großen und kleinen Töpfen oder in kübelgroßen Blechkanistern, alten Kochtöpfen oder wertvollen Terrakottagefäßen am Boden oder – vielleicht mit blühenden Sommerblumen gemischt – in einem ungewöhnlichen Balkonkistchen. Kräuter und Gewürze auf der Terrasse zu haben, heißt, dass man sie schnell zum Kochen in die Küche holen kann.

Gemauerte Hochbeete am Rand der Terrasse eröffnen weitere Möglichkeiten für einen Küchengarten. Sie schirmen die Terrasse ein wenig ab, ohne sie aber zu verdecken. Über Basilikum, Rosmarin und Kapuzinerkresse hinweg bleibt der Blick in den Garten frei. Die Hochbeete sollten aus Steinen gebaut werden, die mit dem Terrassenbelag harmonieren. Holztröge wirken manchmal wie ein Provisorium und sind auch weniger haltbar. Bei Klinkerbelägen kann der gleiche Klinker auch zum Aufmauern verwendet werden.

Kirschtomaten zum Naschen, bunt gemischte Pflück- und Schnittsalate, Neuseeländer Spinat, Rucola, Radieschen,

Essbare Zierde
❧

Lorbeer lässt sich bei uns als Kübelpflanze auf einer sonnigen Terrasse ziehen, seine Blätter werden nach Bedarf gepflückt. Auch Rosmarin, Baumtomate (Cyphomandra betacea), Eukalyptus, Granatapfel, Zitrusfrüchte, Feige oder Exoten wie die Ananasguave (Acca sellowiana) verbringen den Sommer auf der Terrasse. Und Sie brauchen bloß die Hand nach den aromatischen Blättern und den süßen Früchten auszustrecken.

kleine Pfefferoni, Erdbeeren und viele andere Köstlichkeiten können im Hochbeet auf der Terrasse Platz finden. Vielleicht verzichten Sie sogar ganz auf ein Gemüsebeet im Garten, vor allem, wenn das Grundstück klein ist, und erledigen das bisschen Arbeit sozusagen im Sitzen auf der Terrasse.

Terrasse und Wintergarten

Ein ins Freie verlängertes Wohnzimmer oder eine erweiterte Wohnküche verlegen zumindest in der warmen Jahreszeit das Leben vom Haus in den Garten. Ein Wintergarten zwischen Wohnbereich und Terrasse ermöglicht auch bei Eis und Schnee ein Sitzen, Spielen und Essen im Grünen, beherbergt schöne Kübelpflanzen und fungiert gleichzeitig als Puffer zwischen drinnen und draußen.

Wenn der Boden von Wintergarten und Terrasse aus demselben Material und ohne Stufen und Barrieren verlegt wurde, bilden die beiden auch optisch eine Einheit, die sich unter Umständen bis in die Küche oder in Gang und Flur weiterziehen kann. Achten Sie aber darauf, dass im Außenbereich nur witterungsfeste Materialien zum Einsatz

kommen, um zerbrochene Fliesen und abgesplitterte Terrakottaplatten zu vermeiden.

Terrasse und Grillen

Für alle, die eine große Familie haben, gerne Feste veranstalten, Freunde einladen und dabei auch grillen wollen, ist ein praktisch und zugleich schön gestalteter Grillplatz als Erweiterung der Terrasse eine Überlegung wert. Achten Sie hier besonders auf ein leicht zu reinigendes Pflaster, wo Fettspritzer, verschütteter Wein, Kohle und Asche keine Spuren hinterlassen.

Nicht nur der Rost steht hier, es ist auch ausreichend Platz für Sitzmöbel und eine Arbeitsfläche, auf der Fleisch oder Würstel, Gemüse, Getränke, Besteck und alles, was gebraucht wird, abgestellt werden kann. Wenn man ständig zwischen Küche und Grillplatz pendeln muss, wird das zumindest für die Gastgeber ein ungemütlicher Nachmittag oder Abend.

In vielen Ländern mit warmen, trockenen Sommern lebt noch die schöne Tradition der Sommerküchen. Für ein paar Monate übersiedelt der Haushalt in eine kleine Hütte im Garten und die meiste

Arbeit wird im Freien, zum Beispiel unter einer Weinlaube, verrichtet. Auch die Mahlzeiten werden hier draußen eingenommen. Vielleicht gelingt es durch einige Details wie fixe Arbeitsflächen, einen Wandbrunnen, einen offenen Kamin für die Übergangszeit und einen direkten Zugang zur Küche über ein Fenster oder eine Türe, diese südländische, sommerliche Gelassenheit in den eigenen Garten zu holen.

TIPP

Krabbelkinder und kleine Sandkisten-Abenteurer bleiben beim Spielen noch in der Nähe der Erwachsenen. Um sich das Leben mit kleinen Kindern ein wenig zu erleichtern, ist ein Spielbereich gleich neben der Terrasse sinnvoll. Größere Kinder ziehen sich hingegen gerne zurück. Eine Terrasse, von der aus man jede Ecke des Gartens einsehen kann, wird da zum unangenehmen Kontrollturm.

Terrasse und Wasser

Das unentwegte Murmeln und Glucksen eines Quellsteins schafft selbst am heißesten Sommertag eine kühle Atmosphäre. So nah am Haus hören Sie sein Plätschern auch noch nachts, wenn Sie ein Fenster öffnen. Statt der klassischen Anordnung am Rand kann ein schöner Stein aber auch mitten ins Pflaster integriert werden.

Die Hauswand könnte der passende Hintergrund für einen schönen Wandbrunnen sein, dessen überlaufendes Wasser sich am Boden in einem Becken sammelt. Pumpe und Installationen lassen sich frostsicher im Haus unterbringen.

Ein kleiner Teich direkt an einer ebenerdigen Terrasse ermöglicht es, Amphibien, Insekten und Sumpfpflanzen ganz aus der Nähe zu betrachten. Böschungen bieten sich für einen Bachlauf an, der auf Ihrer Terrasse „entspringt" und in einem kleinen Becken, Teich oder auch Schwimmteich am Fuß des Hanges mündet. Sehr reizvoll ist es, wenn der Weg hinunter mit den notwendigen Stufen neben dem Bach verläuft und mit diesem durch seine Bepflanzung, geschickt platzierte Findlinge und gleiches Gefälle kommuniziert.

Miniaturwasserbecken in einem halben Holzfass oder einem alten, ausgedienten Steintrog passen selbst auf die kleinste Terrasse. Es können auch mehrere solcher Gefäße nebeneinander stehen, die sich in ihrer Bepflanzung unterscheiden und jeweils andere Akzente setzen, wie Seerosen, tropische Pflanzen und heimische Schönheiten. Im Winter müssen die Tröge ganz entleert und die Pflanzen separat überwintert werden oder Sie bringen die befüllten Tröge in einen frostfreien Raum.

Terrasse und Schwimmen

Zwei Schritte vom Haus ins Wasser springen und ein kühles Bad nehmen? Am Abend am Wasser sitzen und fernsehen? In der Küche stehen oder am Computer schreiben und die Kinder trotzdem ein wenig im Auge haben, wenn sie im Wasser sind? Ein Schwimmteich am Haus macht das Wohnhaus zum Hausboot und den Alltag zum Urlaub. Terrasse und Badesteg verschmelzen zu einer Einheit, egal, ob Holz, Naturstein, Betonstein oder Klinker verwendet wird. Der tiefe Schwimmbereich grenzt direkt an die Terrasse, der flachere, mindestens gleich große Regenerationsbereich mit den Wasserpflanzen „wächst" in den Garten hinaus.

Terrasse und Pflanzen sammeln

Kübelpflanzen sind die klassische Form, eine Terrasse zu begrünen. Das Sortiment ist hier in den letzten Jahren so groß geworden, dass man gar nicht weiß, wo man all die schönen, seltenen oder exotischen Gewächse unterbringen soll. Vor allem im Winter wird es eng, wenn ein heller, kühler, frostfreier Raum oder ein ungeheiztes Stiegenhaus als Quartier dient. Aber nicht nur große, imposante Pflanzen in Holz-, Ton- oder glasierten Keramikgefäßen verschönern eine Terrasse. Sie ist auch der ideale Ort für eine liebevoll gehegte und gepflegte Sammlung kleinerer Kostbarkeiten, seien es Bonsai, die stetig wachsende Anzahl an Kakteen und anderen Sukkulenten, Duftpelargonien, Thymianspezialitäten oder irgendeine andere Gattung, der Sie sich verschrieben haben.

Auf der Terrasse hält man sich oft auf, um die Pflanzen im Auge zu behalten und sofort zu bemerken, wenn sie gegossen, gedüngt oder zurückgeschnitten gehören oder ein Schädling beginnt, sein Unwesen zu treiben. Auf Stufen oder übereinander in Nischen an der Wand kommt eine Sammlung besonders schön zur Geltung.

Sitzplätze im Garten

Eine Terrasse ist meist kein ruhiger Platz. Hier wird gegessen, getrunken und geplaudert, hier spielen kleinere Kinder und durch Fenster und Glastüre sieht jeder drinnen gleich, was draußen vor sich geht. Wer also seine Ruhe haben möchte, sich zurückziehen will, um zu lesen, zu schlafen oder zu faulenzen, der braucht ein versteckteres Plätzchen im Garten. Es muss also ein zweiter Sitzplatz her.

► *Auch viele Zimmerpflanzen verbringen die Sommermonate gern auf der Terrasse.*

Wenn die Terrasse nach Süden ausgerichtet in der Sonne liegt, so ist ein Ort im Schatten eine gute Ergänzung. Oder umgekehrt: Wenn am Nachmittag der Baum oder das Nachbarhaus die Terrasse in kühlen Schatten taucht, weicht man gern auf einen anderen, sonnigen Platz aus, um hier die letzten Strahlen des Abends zu genießen.

Liegt die Terrasse ebenerdig, so kann bei Hanggärten ein zweiter Sitzplatz tiefer oder höher angelegt werden, um andere Ausblicke und Perspektiven zu gewähren. Damit zwei oder mehr Sitzplätze im Garten auch wirklich genutzt werden, ist es besser, wenn sie sich im Charakter deutlich voneinander unterscheiden oder einander ergänzen. Ein abgeschiedener, ruhiger Sitzplatz sollte nicht zu groß sein. Wieviel Platz braucht man schon für einen Sessel oder eine Liege? Soll ein Weg hierher führen oder nichts die Ruhe des Ortes stören? Diese Entscheidung ist ebenso zu treffen wie die Auswahl des Materials. Pflaster aus Naturstein fügt sich am natürlichsten in den Garten ein. Ins Sandbett verlegt ist es für einen Sitzplatz fast immer ausreichend stabil und erlaubt Gräsern und Moosen, die Fugen grün zu pinseln. Eine exakte Kante entfaltet dabei eine ganz andere Wirkung als ein verlaufender Übergang des Pflasters zur Umgebung.

Runde Flächen bieten sich als „Drehscheibe" zusammenlaufender Wege an.

Hier möchte man sich gerne hinsetzen und nach der Arbeit ein wenig ausruhen, den Tag überdenken und sich entspannen. Die Gartenbank am verwachsenen Teich wurde so platziert, dass sie von der untergehenden Sonne gerade noch gestreift wird.

Stiller Teich

Fern vom Haus liegende Teiche und Schwimmteiche bieten die Gelegenheit, den Holzsteg etwas größer zu dimensionieren und daraus einen geräumigen Sitz- und Liegeplatz zu machen. Er kann um eine Pergola oder um ein Gartenhäuschen, in dem Schwimmflügel, Badehosen und Plastikkrokodile lagern, erweitert werden. Aber nicht nur Holz ist als Material für einen Sitzplatz geeignet, auch Naturstein passt sehr gut. Wasser in

irgendeiner Form, und sei es nur als bescheidene Vogeltränke, übt eine beruhigende und zugleich erfrischende Wirkung aus.

Lese- und Schlafecke

Verborgen hinter Büschen und Bäumen, geschützt im „Salettl" oder versteckt hinter einem Hügel ist ein entlegener Sitzplatz wohl der beste Ort, um ungestört zu sein. Nicht einmal ein Weg muss zu diesem einsamen Ort führen, wo Hängematte oder bequeme Bänke und Liegen warten. Die Bepflanzung rund um den Sitzplatz kann ein Blütenmeer in allen Farben oder ein von unzähligen Grüntönen geprägter, ruhiger Rahmen sein. Die Pflanzen haben wesentlichen Einfluss auf das Wohlbefinden und sollten daher genauso sorgfältig ausgesucht werden wie Sitzmöbel und Pflasterbelag.

Essen im Grünen

Auf einer Terrasse zu essen ist nicht das gleiche wie mitten im Grünen zu speisen. Unter den Zweigen eines alten Baumes am Rand der Blumenwiese zu sitzen und dabei sein Haus einmal aus einer anderen Perspektive betrachten, ist eben nur draußen im Garten möglich. Wenn ein

Alles da für einen Urlaub am See – ein großer Holzsteg, Platz zum Sitzen und Liegen und ein Badehäuschen zum Umkleiden und Aufbewahren weiterer Sitzgelegenheiten, wenn es draußen einmal später wird.

Sitzplatz weiter weg liegt und dennoch öfters zum Tafeln dient, sollte er auf einem bequemen Weg erreichbar sein, um Speisen und Getränke, Teller und Gläser problemlos herausbringen zu können. Ein Wasser- und Stromanschluss in der Nähe erleichtert vieles, stimmungsvolle Lampen oder einfach Fackeln und Windlichter verlängern das Zusammensitzen bis in die Nacht hinein.

TIPP

Eine niedrige Einfassungsmauer lässt einen ruhigen Sitzplatz geschützter und heimeliger wirken. In Hanggärten kann ein Platz in die Böschung gebaut oder – umgekehrt – mit ein wenig Panorama versehen werden, wenn er aus dem Hang mit Hilfe einer Stützmauer herausgebaut wird. Ob Aussichtsplattform oder geschütztes Versteck, die Steinblöcke können mit Mörtel gemauert oder trocken geschlichtet werden.

Materialien

Glitzernder Granit in der Sonne, rot schimmernder Porphyr im Regen, glänzend schwarzer Basalt im Tau, rauer Sandstein im Reif, weicher Rindenmulch im Schatten, knirschender Splitt im Frost … wie soll der künftige Weg oder Sitzplatz gestaltet werden?

Die Suche nach dem richtigen Material wirft viele Fragen auf.

Auswahl

Ist die Planung so weit abgeschlossen, dass Sie sich auf die Größe und Lage eines Platzes oder Weges im Garten festgelegt haben, so steht die nächste wichtige Entscheidung an: Mit welchem Material soll gepflastert werden? Eine nicht einfach zu beantwortende Frage.

Viele Möglichkeiten

Passen nun eher größere Platten oder doch ein Kleinpflaster besser zum Stil des restlichen Gartens? Soll es ein Natursteinweg aus Granit oder eher einer aus Tonpflasterklinker werden? Muss es unbedingt Granit sein? Porphyr oder Basalt wären doch auch schön! Ein guter Bekannter rät aber wieder davon ab, weil er meint, man könne den Weg nicht so leicht säubern. Er schwört auf Betonsteine, die sich auch ganz unkompliziert verlegen lassen. Das riesige Angebot an Pflastermaterialien macht die Auswahl nicht gerade einfach.

Für welchen Belag Sie sich dann auch immer entscheiden, auf das Pflaster werden Sie viele Jahre oder Jahrzehnte blicken. So sind die Fragen nach Form, Größe und Farbe auch zugleich Fragen, die den Garten nachhaltig gestalten und prägen.

Je mehr Sie über die Vor- und Nachteile der einzelnen Materialien wissen, desto bewusster und gezielter können Sie Ihre Wahl treffen. Ein Weg oder Sitzplatz sollte sich gut in den Garten einfügen. Das ist leichter gesagt und geschrieben als es dann letzt-

lich fällt, den besten aus mehreren Entwürfen auszuwählen.

Lassen Sie sich in der Planungsphase genügend Zeit. Schnell getroffene Entscheidungen könnte man später bereuen. Denn ist einmal ein Weg gelegt, ein Platz gepflastert worden, so ist es müßig darüber zu reden, dass man vielleicht doch lieber einen anderen Belag wählen hätte sollen. Nachträgliche Korrekturen sind äußerst arbeitsaufwändig und kostenintensiv und werden in den seltensten Fällen gemacht.

Trittsicherheit und Pflege

Wichtige Entscheidungskriterien sind die technischen und praktischen Anforderungen an den Belag. Dabei sollte an die künftige Nutzung des Weges oder Sitzplatzes gedacht werden. Ein oft begangener Weg, etwa vom Gartentor bis zum Hauseingang, muss dauerhaft, trittsicher und leicht zu säubern sein.

Trotz Imprägnierung hält ein Rundholzpflaster im Garten durchschnittlich nicht länger als zehn bis fünfzehn Jahre. Wo längerfristige Lösungen geplant sind, sollte Holz daher nicht verwendet werden. Ebenso problematisch sind manche Sandsteine und Marmor, deren Witterungsbeständigkeit nicht immer gesichert ist.

Die Oberfläche des Materials hat großen Einfluss auf seine Griffigkeit. Ein rustikales Natursteinpflaster mit großen, spaltrauen Granitplatten und -steinen ist zwar schön anzusehen, aber als Belag für eine stark frequentierte Strecke ebenso wenig zu empfehlen wie ein Weg aus Flusskieseln.

Andere Materialien eignen sich wieder aufgrund ihrer besonderen Eigenschaften nicht für heikle Bereiche. Auf einem Holzpflaster in dauerschattiger Lage bildet sich relativ rasch nach seiner Verlegung ein unangenehmer, rutschiger Belag. Ähnliches gilt für Klinker, der durch seine glatte Oberfläche vor allem für steile Wege, Auf- und Abfahrtsrampen ungeeignet ist. Polierte Steinplatten oder glatte Fliesenbeläge weisen nicht die erforderliche Trittsicherheit auf, die ein Weg immer haben sollte. Vor allem auf ältere Menschen, die den Garten mitbenutzen, muss Rücksicht genommen werden.

Spaltraue, gesägte oder sandgestrahlte Oberflächen eignen sich im Garten generell besser als glatte. Besonders bei feuchtkalter Witterung, im Schneeregen oder wenn im Herbst Laub zu Boden fällt, sind abschüssige Wege mit glatten Belägen nur schlecht zu betreten. Spaltraue, unbehandelte Natursteinplatten sind für Sitzplätze wiederum nicht zu empfehlen, weil sie durch ihre Unebenheiten Gartenmöbel

Ein farbenfroher Empfang im Vorgarten. Salvien und Pfingstrosen säumen den Weg aus Klinker.

zum Wackeln bringen. Soll das Pflaster mit Tretrollern, Fahrrädern, Rutschautos oder Dreirädern gut befahrbar sein, so eignet sich ein Klinkerbelag besser als zum Beispiel ein Großpflaster aus Naturstein.

Ins Mörtelbett verlegte Materialien mit fester Verfugung (Fugenmasse auf Zementbasis) sind ohne großen Aufwand mit Kehrmaschinen

oder Hochdruckreinigern zu säubern. Ein holpriges, mit Flusskiesel verlegtes Pflaster mit tiefen Fugen hingegen lässt sich weder besonders gut kehren noch im Winter vom Eis befreien.

Wie der Zaster, so das Pflaster

Die Redewendung vom „teuren Pflaster" hat etwas für sich. Material und Verlegung machen oft mehr als die Hälfte des für den gesamten Garten zur Verfügung stehenden Budgets aus. Dort, wo es große Flächen zu gestalten gibt, wird man nicht gerade ein mühsam zu verlegendes Kleinpflaster wählen, da es abgesehen von den Materialkosten auch eines enormen Zeitaufwandes bei der Verlegung bedarf.

Intensiv gestaltete Plätze sollten Sie nur dort planen, wo sie auch zur Geltung kommen und das nicht nur aus Kostengründen. Bei einem Garten, der im wahrsten Sinne des Wortes kunstvoll zugepflastert worden ist, drängt sich das Gefühl auf, ob weniger nicht mehr gewesen wäre. Auch die Art der Verwendung spielt eine wesentliche Rolle. Ein gepflasterter Platz mit hochkant verlegtem Klinker

hat sicher seinen Reiz, kostet aber gut doppelt so viel, weil man auch die zweifache Menge an Material für die gleiche Fläche benötigt. Betonsteine haben den Vorteil, dass sie nicht nur händisch, sondern auch maschinell verlegt werden können.

Längerfristig gedacht ist ein ins Sandbett verlegtes Natursteinig- oder Klinkerpflaster eine bessere Investition als ein Betonsteinbelag. Angewitterte Natursteine gewinnen an Attraktivität. Sie können jederzeit herausgenommen und wieder verwendet oder verkauft werden. Betonsteine nützen sich leichter ab und ihre anfänglich kräftigen Farben werden über die Jahre matt und stumpf. Für Nebenwege eignen sich schlichte und billige Lösungen wie Trittplatten, Häcksel, Rindenmulch, Splitt oder Rundkies.

Anthrazit bis Ziegelrot

Schwieriger als technische oder wirtschaftliche sind gestalterische Kriterien aufzustellen, da es sich dabei immer auch um eine Frage des eigenen Geschmacks handelt. Zudem vergrößert sich das Angebot von Jahr zu Jahr. Chinesischer Granit findet sich neben Norwegischem, Indischer Sandstein neben Neckartäler, Belgischer Klinker neben Holländischem.

Manche Steine haben eine Odyssee um die halbe Welt hinter sich, bevor sie den Hafen heimischer Baumärkte erreichen. In Zeiten der globalen Klimaerwärmung und im Bemühen, den Schadstoffausstoß zu minimieren, stellt sich die Frage, ob es vertretbar ist, die geringen Lohnkosten ärmerer Länder und die künstlich niedrig gehaltenen Transportkosten auszunutzen, um hierzulande ein paar Granit- oder Sandsteinarten mehr auf dem Markt zu haben.

Bedenken Sie beim Kauf von Naturstein aus weit entfernten Ländern auch, dass viele Steine bei uns noch nicht lange im Handel sind und daher keine sicheren, langfristigen Aussagen über Beständigkeit in unserem Klima möglich sind. Sie verschwinden mitunter auch schnell wieder aus den Regalen, wenn die Mode wechselt, und können nicht ersetzt werden. Manchmal bietet sich von vornherein der eine Belag mehr als ein anderer an, weil er sich in das Gesamtbild des Gartens besser einfügt.

Möglicherweise wurden im Garten bereits bestimmte Steine verwendet. Architektonische Gegebenheiten wie Mauern, Zäune oder Treppen müssen in die Überlegungen ebenso einbezogen werden wie die Farbe einer Hausfassade oder eines Gartenpavillons.

Spielarten
Die Frage nach dem besten Material ist untrennbar mit der Anzahl seiner möglichen Verlegungsarten verbunden. Will man nicht einfach Platten oder Pflastersteine simpel nebeneinander legen, so ist es entscheidend, in wie vielen verschiedenen Varianten Sie ein- und denselben Stein verwenden können. Verbundsteine lassen sich zum Beispiel durch ihre spezielle Formgebung geringer variieren als Pflastersteine.

Suchen Sie das Material auch nach der beabsichtigten Linienführung aus. Kleinformatige Pflastersteine eignen sich besser für geschwungene Wege als großformatige oder geometrisch geformte Platten.

Region und Tradition
Jede Gegend hat auch beim Pflaster ihre ganz spezifische Eigenart. So finden sich in Norddeutschland, Belgien

oder England viel mehr Pflasterklinkerbeläge als in Süddeutschland oder Österreich, wo Naturstein überwiegt. Geringe Transportkosten, Erfahrung mit dem Material in der Region und gute Auswahlmöglichkeiten in lokalen Betrieben machen Gesteine aus der nahen Umgebung interessant.

Hat Generationen überdauert: altes Straßenpflaster in Beaugency, Frankreich.

Naturstein

Ob als Platten oder in Form von Pflastersteinen, Natursteine sind unumstritten das klassische Belagsmaterial. Bei den verschiedenen Farben und Formen der Gesteinsarten, die je nach Fundort noch variieren, ist es kein Wunder, dass sich das Natursteinpflaster wieder zunehmender Beliebtheit erfreut.

Renaissance der Steinzeit

Die „lebendige" Struktur und die raue Oberfläche machen den Naturstein wie geschaffen für den Garten. Unregelmäßige Konturen und erdige Farben fügen sich am natürlichsten in die Umgebung ein. In den 70ern und 80ern, als Betonsteine besonders en vogue waren, geriet das Natursteinpflaster etwas in Vergessenheit. Seine Wiederentdeckung verdankt es nicht zuletzt der neuen Liebe zum naturnah angelegten Garten, wo es als natürlicher „Rohstoff" ein willkommenes Element für die Gestaltung ist.

Die Schönheit von Natursteinen liegt auch in ihrer unnachahmlich vielschichtigen Gestalt. Kein Stein gleicht dem anderen. Das macht ein Natursteinpflaster in seiner Verarbeitung aber auch teurer. Es kann nicht einfach wie ein Betonsteinbelag auf ein vorbereitetes Pflasterbett verlegt werden. Jeder Pflasterstein muss wegen seiner unterschiedlichen Materialhöhe und aus Gründen der Stabilität einzeln mit dem Hammer eingerichtet werden. Ein Profi schafft im Durchschnitt etwa 7 bis 10 m^2 Kleinpflaster pro Tag.

Nichtsdestotrotz wird heute wieder mehr gepflastert denn je, weil das Natursteinpflaster mit Abstand die zeitloseste, schönste und dauerhafteste Lösung ist, eine Fläche zu gestalten.

Gespalten, gespitzt, gestockt

Farbe, Härte und Struktur bestimmen im Wesentlichen das charakteristische Aussehen einer Gesteinsart, die je nach Fundort noch ein spezifisches Kolorit, eine nur in dieser Gegend vorkommende Eigenheit haben kann. Wichtig für das Aussehen ist aber auch die Art und Weise, wie der Stein gewonnen und weiter verarbeitet wird.

Durch Spalten entstehen raue Oberflächen. Steine können aber auch gesägt werden, und die technischen Möglichkeiten haben sich in den letzten Jahrzehnten so weit verbessert, dass für die Plattengewinnung auch Hartgesteine herangezogen werden können. Die Oberflächen der Natursteinplatten, Pflastersteine oder Randsteine können unbehandelt spaltrau, fein oder grob bearbeitet worden sein. Feine Flächen erhält man durch Schleifen oder das Sägen mit einer Diamantscheibe oder einem Diamantblatt.

Oberflächen, die sandgestrahlt, geflammt, scharriert, gestockt oder gespitzt worden sind, bezeichnet man als grob bearbeitete Flächen. Das Sandstrahlen ist die am häufigsten angewandte Methode. Je nach Körnung des Quarzsandes, der unter hohem Druck auf die Steinoberfläche geblasen wird, erzielt man eine mehr oder weniger grobe Struktur. Zu verschiedenen Größen zurechtgeschnittene Granitplatten werden meist sandgestrahlt angeboten, damit sie eine schönere Oberfläche erhalten. Beim Flämmen splittert der Stein durch hohe Temperaturschwankungen ab, dadurch wird eine etwas unregelmäßigere Oberfläche erreicht. Unter Scharrieren bezeichnet man Oberflächen, die mit einem flachen Scharriereisen behandelt worden sind, wodurch gerade, riefenförmige Spuren auf dem Stein hinterlassen werden.

Selten sieht man gestockte Flächen. Die Ansichtsseite wird mit einem pneumatischen Stockhammer zertrümmert, dessen Schlagseite aus vielen pyramidenförmigen, spitzen Erhebungen besteht. Es entsteht dabei eine aufgeraute und je nach Gesteinsart charakteristische Struktur. Ähnlich sehen gespitzte Oberflächen mit klar erkennbaren Spitzeisenspuren aus.

Genormt, geprüft und gehandelt

Entscheidend bei der Überprüfung ist das Nenn-Maß (= Nenngröße), also jene vom Hersteller festgelegte Größe, mit der die tatsächlich gemessenen Kantenlängen innerhalb von festgelegten zulässigen Abweichungen übereinstimmen sollten. So darf zum Beispiel die Nenndicke in der Güteklasse 2 (Kennzeichnung T2) nicht mehr als $\pm$ 15 mm und in der Güteklasse 1 (T1) um $\pm$ 30 mm abweichen.

Ein 6/8 cm-Granitkleinstein der Klasse 2 (T2) darf eine Kantenlänge von höchstens 8,5 cm (Nenn-Maß 7 plus 1,5 cm zulässige Abweichung) und muss eine Mindestlänge von 5,5 cm (7 minus 1,5 cm) haben. Die meisten Steine befinden sich jedoch im Bereich zwischen 6 bis 8 cm Kantenlänge, daher die handelsübliche Bezeichnung 6/8.

Um die Sache noch etwas komplizierter zu machen: In Österreich versteht man unter Klasse 1 die bessere Qualität, in der EN 1342 mit Klasse 2 (T2) bezeichnet. Die branchengebräuchliche Kennzeichnung wurde in Österreich beibehalten, auch wenn sie nicht der EN entspricht.

Bestellung und Lieferung

Steinhändler, Baumärkte und Gartencenter bieten Pflastersteine in unterschiedlicher Qualität an. Wollen Sie Großpflastersteine bestellen, um eine Umrandung zu mauern, so müssen Sie bei einer Bestellung nach Masse (in Tonnen) ausdrücklich darauf hinweisen. Denn gewöhnlich werden jeder Lieferung 5 bis 10 % Bindersteine beigegeben. Sie sind etwa eineinhalb mal so lang wie die normalen

Unabhängig von der Gesteinsart sind Pflastersteine in drei Größenordnungen erhältlich: Mosaikpflaster, Kleinpflaster und Großpflaster. Da die Steine gebrochen werden und die Bruchlinien nicht exakt gerade verlaufen, gibt es Abweichungen von der Nenngröße. Während alte Pflastersteine keiner Überprüfung und Richtlinie unterliegen, gibt es für neu produzierte Steine eine einheitliche Europäische Norm (EN 1342 seit 01.08. 2000), die ein genaues Leistungsanforderungsprofil enthält. Die Pflastersteine werden laut EN 1342 in einem streng festgelegten Verfahren auf folgende Parameter geprüft:

- Maßgenauigkeit
- Ebenheit der Oberfläche
- Beständigkeit gegen Frost-Tau-Wechsel
- Druckfestigkeit
- Abriebwiderstand
- Griffigkeit
- Aussehen und Oberflächenbeschaffenheit
- Wasseraufnahme
- petrografische Beschreibung
- Oberflächenbehandlung

quadratischen Pflastersteine und werden für einen Wechsel im Längsverband benötigt. Bei Umrandungen fällt ein solcher Wechsel weg. Dasselbe gilt bei der Bestellung von Kleinsteinen, die nicht im Segmentbogen oder im Schuppenverband verlegt werden. Der Lieferung werden sonst automatisch 10 % quaderförmige und trapezförmige Steine beigegeben, die Sie bei einem Reihenpflaster nicht gebrauchen können.

Pferdekopf und Bischofsmützen

Es gibt jede Menge Sonderformen wie zum Beispiel Bischofsmützen, Pferdekopf-Pflastersteine oder Halbgutplatten. Solche Steine heute noch zu bekommen, ist ebenso schwierig wie das Beschaffen alter handgemeißelter Regenrinnen aus Granit oder angewitterter Mühlsteine. Am ehesten sind sie bei Händlern zu erwerben, die in ländlichen Gegenden unterwegs sind und Restbestände von Bauernhöfen aufkaufen. Die Raritäten sind allerdings nicht ganz billig. In ein Pflaster als Einzelstücke verlegt, können sie allerdings eine große Bereicherung sein.

„Pflasterblume" aus vier Bischofsmützen

Maße im Natursteinpflasterbereich der in Deutschland üblichen Handelsgrößen (in mm)

	Größe	Breite	Länge	Höhe
Mosaik-pflaster	1	60	60	60
	2	50	50	50
	3	40	40	40
Klein-pflaster	1	100	100	100
	2	90	90	90
	3	80	80	80
Groß-pflaster	1	160	160 bis 220	160
	2	160	160 bis 220	140
	3	140	140 bis 200	150
	4	140	140 bis 200	130
	5	120	120 bis 180	130

Einfahrt aus Porphyr-Kleinpflaster und gebrauchten Granit-Großpflastersteinen. Während sich die Farbe der ange-witterten Granitsteine nicht mehr verändert, verliert der Porphyr sein frisches Rot und stumpft etwas ab.

Vom Mosaikstein bis zum Großpflaster

Die ÖNORM B 3108 (Ausgabe 01. 05. 2001) legt die Abmessungen der in Österreich gebräuchlichen Pflastersteine fest.

Mosaikpflaster

Verwendung: geeignet für Muster und Ornamente, durch die Kleinheit der Steine lassen sich Bögen besonders gut legen, für kleine Flächen mit geringer Belastung

Sorte	Type	handelsübliche Bezeichnung	Breite b (cm)	Höhe h (cm)	Länge l (cm)	Richtwert für Verbrauch (m²/t)
Mosaikstein	H4	Mosaik I (T2)	3–6	3–6	3–6	9

Lieferbestimmungen: Pflastersteinoberfläche unbearbeitet-spaltrau, Qualitätseinteilung nach EN 1342, Übernahme nach Masse (t)

Kleinsteinpflaster

Verwendung: ideal für Wege, Sitzplätze und Terrassen, bei entsprechendem Unterbau auch für höhere Belastungen geeignet, kreisrunde Plätze wie auch Segmentbögen lassen sich sehr gut legen

Sorte	Type	handelsübliche Bezeichnung	Breite b (cm)	Höhe h (cm)	Länge l (cm)	Richtwert für Verbrauch (m²/t)
Kleinstein	H1	6/8 I (T2)	5,5–8,5	5,5–8,5	5,5–8,5	6,5
		6/8 II (T1)	5,5–8,5	4–10	5,5–8,5	
	H2	8/10 I (T2)	7,5–10,5	7,5–10,5	7,5–10,5	5,0
		8/10 II (T1)	7,5–10,5	6–12	7,5–10,5	
	H3	10/12 I (T2)	9,5–12,5	9,5–12,5	9,5–12,5	4,2
		10/12 II (T1)	9,5–12,5	8–14	9,5–12,5	

Großpflastersteine (Köpfelsteine)

Verwendung: für Umrandungen, als Begrenzungssteine, für Sitzplätze, Wege und vor allem belastbare Stellflächen und Zufahrten, auch alte, abgewitterte Pflastersteine (alter Straßenbelag) sind im Handel, durch das hohe Eigengewicht erreichen sie auch im Sandbett gute Stabilität

Sorte	Type	Breite b (cm)	Höhe h (cm)	Länge l (cm)	durchschnittliches Gewicht pro Stück	Bedarf für 1m² Fläche in Stück
Großpflastersteine	D1	17–19	17–19	17–19	15	27
a) handgearbeitet	D2	17–19	17–19	25–28	22	18
	D3	17–19	12–14	17–19	11	27
	D4	17–19	12–14	25–28	16,5	18
b) maschinengeschlagen	D5	15–17	15–17	15–17	11	35
	D6	15–17	15–17	22–25	18	25

Lieferbestimmungen: Qualitätseinteilung nach EN 1342, Übernahme nach Masse oder Stück

Granit – zeitlos und schön

Egal, ob in Segmentbögen, im Reihenverband oder ganz unregelmäßig verlegt, mit Granit gepflasterte Plätze und Wege strahlen Ruhe und Gelassenheit aus. Ohne sich durch extravagante Farbe in den Vordergrund drängen zu wollen, zeichnen die Steine durch ihre charakteristische körnige Oberfläche ein schön strukturiertes Muster.

Je älter das Pflaster wird, um so besser passen sich die angewitterten Steine dem Ort an. Das Ansiedeln von Moospolstern zwischen den Fugen ist ausdrücklich erwünscht und verleiht einem Weg oder einer gepflasterten Hoffläche ein romantisches Flair.

Granit gibt es auf der ganzen Welt. Dementsprechend groß ist seine Vielfalt. In gelblichen Schattierungen kommt er zum Beispiel in Portugal vor, rot, grün oder bunt in Schweden, doch die häufigste Farbe ist grau in allen Variationen. In Deutschland und Österreich gibt es bedeutende Vorkommen im Bayerischen Wald, Harz, Oberpfalz, Spessart, Schwarzwald, Waldviertel und Mühlviertel, auch Tschechien ist reich an Graniten.

Für seine große Härte ist der hohe Quarzanteil verantwortlich (erkennbar an seiner gräulich trüben bis durchscheinenden Farbe), der zwischen 20 und 60 % liegt. Der harte Granit lässt sich beim Pflastern nur schwer mit dem Hammer bearbeiten. Durch seine richtungslose Struktur kann man ihn aber in jede Form bringen.

Verschiedene Farbnuancen verdankt Granit dem hell erscheinenden Feldspat, der für die gute Spaltbarkeit des Gesteins verantwortlich ist. Auch der plattige Glimmer

lässt sich gut spalten, kommt aber nur in wenigen Prozentanteilen in seiner hellen oder dunklen Variante, beim Eisgarner Granit sogar in beiden Varianten vor.

Aus dem Gemenge der drei Mineralien ergibt sich die für Granit so eigentümliche, körnige Beschaffenheit. Bei unsachgemäß verlegtem Pflaster (in durch Erde verunreinigten Sand) kann es zu „Farbumschlägen" kommen. Die Steine bekommen eine schmutzig gelbe Farbe, die auf chemischen Reaktionen mit Eisen beruht.

Ein in Segmentbögen verlegtes Kleinpflaster aus gebrauchten, abgeriebenen und glatten sowie spaltrauen, neuen Graniten. Ob fein- mittel- oder grobkörnig, Granite gibt es in nahezu allen Farbschattierungen.

Porphyr – bringt Farbe ins Pflaster

Je nach Herkunft variiert seine Farbe von rot über gelblich und grünlich bis grau. Neben den Graniten wird im Garten besonders der Quarz-Porphyr aus Oberitalien wegen seiner auffallend rötlichen Farbe geschätzt und importiert. Er bringt Leben und Abwechslung ins Pflaster.

Porphyr ist ein ausgesprochen hartes Gestein, hat aber eine starke Lagerbildung, sodass es leicht plattig bricht und meist in Platten gewonnen wird, aus denen Pflaster-steine hergestellt werden. Der Stabilität wegen sollte man Porphyr daher immer mit einer glatten Seite (Plattenober- oder -unterseite) als Auftrittsfläche nach oben einbauen. Würde man ihn mit der gebrochenen, rauen Seite nach oben verlegen, kann er bereits beim Abrütteln oder bei Belastung genau entlang seiner Schichtung brechen. Zerfallene Steine sehen nicht nur hässlich aus, sie lockern den gesamten Verband.

Porphyr wirkt bei Trockenheit stumpf. Seine wahre schöne Farbe zeigt er erst, wenn er feucht geworden ist. Es gibt ihn sowohl als Klein-stein, zugeschnitten in allen möglichen Größen oder gespalten als polygonale Platten.

Basalt und Diabas – setzen Kontraste

Wunderschön dunkelgrau bis schwarz gefärbte, sehr harte, spröde und widerstandsfähige Steine, die sich nur sehr schwer bearbeiten lassen. Typisch ist ihre glatte, bei Feuchtigkeit glänzende Oberfläche. In Kombination mit hellem Granit entstehen schöne Muster. Ihrer glatten Oberfläche wegen sind größere Flächen, wo es auf gute Griffigkeit des Belages ankommt, nicht zu empfehlen.

Marmor (Carrara-Marmor) – heller als Schnee

Dank seiner schönen, weißen Farbe sieht man diesen Stein immer wieder in Gärten, obwohl er nicht ganz witterungsbeständig ist. Er sollte, wenn überhaupt, nur sparsam als Ornamentstein in Mischpflastern verlegt werden. Wegen seiner glatten Oberfläche eignet er sich nicht für Wegebeläge.

Bunte Mischung aus grauem Granit, rotbraunem Porphyr, weißem Carrara-Marmor und rotem Klinker

Pflaster aus indischen Sandsteinplatten

Sandstein – warm in der Sonne

Über lange Zeiträume hinweg verfestigen sich Sandablagerungen und werden zu Stein. Sandsteine sind wegen ihres unaufdringlichen Charakters sehr beliebt. Durch ihre raue und gleichmäßige Oberflächenstruktur können sie barfuß gut begangen werden und sind ideal im Umfeld eines Pools oder Schwimmteiches. Typisch für Sandsteine ist ihr heller Farbton. Sie sind, verglichen mit Granit, in ihrer Struktur feiner und daher gut für Bodenbeläge zu verwenden. Es gibt Schichtungen, die Spaltungen in eine Richtung begünstigen. So werden Sandsteine hauptsächlich als zugeschnittene Platten in verschiedensten Formaten angeboten.

Gartengestalter und Steinhändler bieten in letzter Zeit auch Sandsteine aus Indien an. Neben Gelb, Ocker und Rot sind auch Weiß, Grün oder Grau im Farbspektrum enthalten. Die angenehmen, „erdigen" Farbtöne und ihre warme Ausstrahlung machen sie für den Garten ungemein wertvoll. Sandsteinpflaster bekommt mit den Jahren nicht nur eine Alterspatina wie jedes andere Natursteinpflaster. Eckige Kanten runden sich ab und die an sich schon weiche Ausstrahlung wird dadurch noch verstärkt.

Sandsteine weisen übrigens unterschiedliche Haltbarkeit auf. Haben sie einen hohen Tonanteil, können sie nach etwa 10 Jahren zerfallen. Dagegen trotzen an Kieselsäure reiche Sandsteine allen Witterungseinflüssen und halten unbegrenzte Zeit.

Bunte Vielfalt

Neben den oben genannten Natursteinen gibt es noch viele andere Gesteinsarten wie Grauwacke, Diorit, Kalkstein, Basaltlava u.v.a.m., die für die Gewinnung von Pflastersteinen interessant sind. Einen Überblick über das Sortiment können Sie bei Steinhändlern, Baumärkten, Gartencentern oder über das Internet bekommen.

Manche Gesteinsarten eignen sich nicht für die Herstellung von Pflastersteinen. Sie lassen sich nicht so exakt brechen, wie es für die Produktion von genormtem Klein- oder Großpflaster erforderlich wäre. Als Natursteinplatten sind sie aber bestens zu verwenden. Hierzu zählt der Kalkstein und in Österreich vor allem der Gneis (Stainzer Plattengneis aus der Steiermark, Granulit und Bittescher Gneis aus dem Waldviertel).

Meist sind es Ausblühungen aus Mangansalzen, die für versteinerte Algen gehalten werden. Auf Sandsteinplatten eine beliebte, eher zufällige Zierde.

TIPP

❧

Während Granite ein Wasseraufnahmepotenzial (in Gewichtsprozent) von nur 0,2 bis 0,5 % haben, schwankt es bei Quarzsandstein beispielsweise von 0,2 bis 9 %. Hohe Wasseraufnahme bedeutet jedoch bei gleichzeitiger schlechter Austrocknung im Herbst auch geringere Frostbeständigkeit. So sollten nur jene Sandsteine verwendet werden, die sich schon hinsichtlich ihrer Haltbarkeit im Garten bewährt haben.

Betonwerkstein

Im Bereich der Betonwerksteine hat sich in den letzten Jahren dank neu entwickelter Herstellungsverfahren viel verändert, sodass man heute unter einer Vielzahl von Formen, Farben und Oberflächen wählen kann. Aufgrund ihrer industriellen Fertigung verfügen die Betonsteine über hohe Maßgenauigkeit und sind daher ohne große Schwierigkeiten und schnell zu verlegen.

Die häufig mitgegossenen Abstandsnoppen sorgen dafür, dass immer gleichmäßige Fugenabstände beim Verlegen entstehen, was die Arbeit ungemein erleichtert. Betonpflastersteine wurden daher auf öffentlichen Flächen im großen Stil verwendet, was ihrem Ruf eher geschadet als genutzt hat. Wegen ihres nüchternen, kühlen und technischen Charakters lehnen manche sie für den Hausgarten ab. Auch der Wunsch nach Exklusivität im Garten ist bei massenhafter Verfügbarkeit und Uniformität des Belages nicht gegeben.

Die Hersteller von Betonpflastersteinen haben darauf reagiert.

Der Trend geht immer mehr zu Imitationen von Granit, Sandstein und Klinker. Erst bei näherer Betrachtung erweisen sich die „Steine" als industriell gefertigte Ware. So werden Betonsteine, die Granit ähnlich sehen sollen, nachträglich in einem „Rumpelverfahren" mechanisch bearbeitet und erhalten durch die unterschiedlich abgeschlagenen Kanten ein „natürliches" Aussehen.

Zuschlagstoffe aus Hartgestein-Edelsplitten im Beton ermöglichen ein Schleifen, Sandstrahlen und Strukturieren. Witterungsbeständige Farbzuschläge sorgen dafür, dass die Steine unterschiedlich grau schattiert sind.

Alles, worauf früher größtes Augenmerk gelegt wurde, wie exakte Kanten, einheitliche Farbe und genormte Steine für ein perfekt ebenmäßiges Pflaster, versucht man heute bei neueren Produkten in aufwändigen Verfahrenstechniken zu verhindern.

Produktbezeichnungen wie „Arena, Forum, Granum, Granito, Cotta, Rustika, Nostalit" mit den Beinamen „antik, classic, natur" oder „vulcano" sind eine Anlehnung an ihre natürlichen Vorbilder oder die klassische Antike mit ihren schön gepflasterten Plätzen.

Der Schein trügt

Zu den eher plumpen Annäherungsversuchen zählen Pflasterplatten. Sie sind Kleinpflaster-Imitationen im Format 40 x 40 cm. Es gibt Pflasterplatten, die so konzipiert wurden, dass beim Abrütteln die zwischen den Steinen befindlichen Stege brechen, wodurch die Illusion des Kleinsteinpflasters verstärkt werden soll. Pflasterplatten sind ebenmäßiger und auch schneller verlegt als ein Kleinpflaster aus Naturstein, aber vom Original unterscheiden sie sich beträchtlich.

Optisch ansprechender sind Betonsteine, die in verschiedenen Größen genau aufeinander abgestimmt sind, sodass ein enger Fugenschluss möglich ist. Es gibt verschiedene Steinsätze mit großen und kleinen Kreissteinen, die sowohl in Segmentbögen und Mustern als auch in Kreisen verlegt werden können.

La Linea

Durch die technische Fertigung sind Betonwerksteine für eine exakte Verlegung konzipiert. Kleine Abweichungen in der Reihe und unterschiedliche Fugenbreiten und -verläufe stechen sofort ins Auge. Überall wo viele „Zwickel" und kleine Restflächen entstehen und mit Zuschnitten gefüllt werden müssen, ist von einem Betonstein abzuraten. Solche Restflächen sehen oft „hingebastelt" aus, da sie sich ins Gesamtbild des tonangebenden, linearen Pflasters nur schwer einfügen. In einem Kleinpflaster mit Natursteinen sind die Fugenbreiten nicht exakt vorgegeben. So kann man sich durch die unterschiedlichen Steine und eine individuelle Fugengestaltung helfen. Elegante Pflasterlösungen für geschwungene Wege lassen sich mit Naturstein einfacher finden.

Stein-Design am Bildschirm

Auf eine völlig andere Idee setzen Hersteller, denen daran liegt, die Künstlichkeit des Materials zu betonen. Geometrisch achteckige Plattenformate, extravagante Formen und knallige Farben erzeugen moderne, abwechslungsreiche und auch originelle Pflasterbeläge. Sie geben nicht etwas vor, was sie nicht sind, sondern sind in ihrer direkten Art authentisch.

Geschwungener Weg aus Betonsteinen, deren Kanten in einem „Rumpelverfahren" gebrochen worden sind. Die durch die Rundung anfallenden keilförmigen Restflächen sollten gleichmäßig auf mehrere Abschnitte aufgeteilt werden.

Durch eine ganze Produkt-palette mit aufeinander abge-stimmten Pflastersteinen können dreißig oder noch mehr verschiedene Muster verlegt werden.

Eine weitere Steigerung der Verlegemöglichkeiten bieten die sogenannten Intarsien-steine, die als eine Art Schmuckstein in den Belag eingearbeitet werden können. Da alle Steine Quadrate oder Teilflächen davon in Form von Dreiecken oder Streifen sind, lassen sich wie in einem Baukastensystem alle nur erdenklichen Muster legen. Mit einem entspre-chenden Computerprogramm sind genaue Verlege-Pläne ganz einfach auf dem Bild-schirm zu entwerfen.

Vielfalt und Verbund

Ein Verbundsteinpflaster bürgt für optimale Stabilität. Die einzelnen Formsteine greifen durch ihre unter-schiedlichen Ausnehmungen oder wellenförmige Gestaltung der Ränder wie Zahnräder ineinander. L-förmig ausge-bildete Steine erzielen dabei die höchste Verbundstein-wirkung. Für öffentliche Flächen mag das ein aus-schlaggebender Grund sein, der für die Verbundsteine

spricht. Im Hausgarten jedoch, wo weder Lastwagen parken noch, wie bei Bahn-höfen, hunderte Menschen ein- und aussteigen, spielt das keine Rolle.

Der größte Nachteil von Ver-bundsteinen liegt in ihrer geringen Variationsbreite, die Flächen wirken monoton. Mehr Verlegemöglichkeiten bieten ausgetüftelte quadrati-sche und rechteckige Formate, die miteinander kombiniert werden können. Auch alte Pflastersteinformate wie Bischofsmützen werden heute nachgegossen.

Der Betonstein ist nach wie vor der am häufigsten ver-wendete Belag im Garten und das nicht nur aus Kosten-gründen. Er eignet sich ideal für befahrbare Wege, Terras-sen, Parkplätze und überall dort, wo man auf eine ebene und planmäßige Oberfläche Wert legt, die sich gut säubern lässt.

Die verbreitetsten Verlegemu-ster bei Verbundsteinen sind Längs-, Fischgrät- und Par-kettverband. Pflastersteinimi-tationen sind in ihrer Ver-wendung mit den Originalen zu vergleichen, lassen sich jedoch einfacher verarbeiten.

Betonsteinplatten

Dasselbe gilt für die Herstel-lung von Betonsteinplatten. Auch hier sind die Hersteller nach dem Waschbetonzeit-alter ganz neue Wege gegan-gen. Durch neuartige Produk-tionstechniken ist es möglich, die Oberflächen wie bei Natursteinen zu behandeln. Sandgestrahlte Betonstein-platten weisen einen hohen Grad an Ähnlichkeit mit vergleichbaren, natürlichen Materialien auf.

TIPP

Betonsteine, die als Imitationen ihren natür-lichen Vorbildern nach-eifern, können auch hervorragend mit diesen kombiniert werden. Das hat den Vorteil, dass größere Flächen schneller und billiger als Natur-stein verlegt werden können. Aufgelockert wird das Betonstein-pflaster zum Beispiel mit Granit, Porphyr oder Basalt. Ein unregelmäßig gepflasterter Platz wirkt nicht so streng wie ein Reihenpflaster.

Pflasterklinker

So schön sich das schlichte Grau eines Granites oder dunklen Basaltpflasters auch mit dem Grün der Pflanzen verbinden lässt, manchmal wirken solche Pflasterungen vor allem für Sitzplätze und Terrassen zu kalt oder einfach unpassend. Vor allem in Kombination mit dem Haus wünschen sich viele meist eine etwas kräftigere und lebendigere Farbe als die jener Gesteine, die in unseren Breiten vorkommen. Unter den natürlichen Materialien steht dabei der Klinker als Alternative an erster Stelle.

Eine farbenfrohe Alternative

Mit Klinker gepflasterte Wege und Plätze findet man in Norddeutschland, Belgien, Holland und England recht häufig. Kein Wunder, wenn es in diesen Ländern eine breite Tradition, vielfältige Formen und einen Jahrhunderte zurückreichenden, fantasievollen Umgang mit dem Material gibt.

Schon auf Grund seiner warmen Farben eignet sich Klinker hervorragend für den Garten. Im Rhythmus der kleinen Flächen und Fugen liegt ein besonderer Reiz. Sie strahlen eine wohnliche

Atmosphäre aus. Mit Klinker gepflasterte Flächen lassen sich zudem durch unterschiedliche Verwendung beim Legen selbst sehr gut gliedern, ohne dass auf ein anderes Material zurückgegriffen werden muss.

Sein ziegelähnliches Format und seine Verwendung innen wie außen machen ihn besonders interessant. Sowohl Wintergarten und Vorhaus als auch Terrasse können mit ein- und demselben Material verlegt werden. Klinker schafft für das Auge eine Art Brücke und Einheit zugleich, zwischen drinnen und draußen, zwischen Haus und Garten.

Harter Ton und heller Klang

Sein Name leitet sich vom niederländischen klinken (klingen) ab. Der Klinker wurde also nach dem hellen Klang, der beim Anschlagen entsteht, benannt. Klinker ist nichts anderes als stark verdichteter, hart gebrannter Ton.

Zunächst werden die Rohlinge geformt und in Trockenkammern bei etwa 100 °C langsam getrocknet. Das Brennen geschieht in einem Tunnelofen bei Temperaturen um 1100 °C. Damit es zu keinen Spannungsrissen kommt, muss

Hart gebrannt und weich im Ton. Durch seine angenehme und warme Ausstrahlung eignet sich Pflasterklinker gut für Terrassen.

dieser Vorgang langsam und in drei Phasen (Vorwärmezone-Brennzone-Abkühlzone) durchgeführt werden. Der Brennvorgang selbst dauert etwa 72 Stunden.

Bei solch hohen Brenntemperaturen kommt es zur Sinterung: Die Oberfläche des Klinkers verschmilzt, es kommt zum Glasfluss. Die Poren schließen sich und eine relativ glatte, dichte und ebene Fläche entsteht. Die Anzahl der Poren bestimmt die Rohdichte, die sich auf die Wasseraufnahmefähigkeit und Frostbeständigkeit des Klinkers auswirkt. Je größer die Rohdichte, desto widerstandsfähiger der Klinker.

Ein gewöhnlicher Ziegel ist nicht frostbeständig und für den Außenbereich nur für provisorische Wege, etwa im Gemüsegarten, geeignet. Durch die viel geringeren Brenntemperaturen kommt es zu keiner Sinterung, seine Oberfläche bleibt rau und porös.

Im trockenen Zustand ist der großporige Ziegel viel leichter als Klinker. Wird er nass, saugt er sich wie ein Schwamm voll und zerfällt allmählich bei Frost. Das aufwändigere Herstellungsverfahren macht einen Pflasterklinker mehr als doppelt so teuer wie einen Mauerziegel.

Ein mit Klinker gestalteter Vorgarten. Die versetzten Reihen nehmen etwas von der geometrischen Strenge des Materials.

Farbe und Form

Der verwendete Ton entscheidet über die Farbe des Klinkers. Sie reicht von allen möglichen Rottönen bis Gelb und Schwarz. Farbschattierungen ergeben sich, weil auch in der Natur beim Ton leichte Unterschiede je nach Fundort bestehen. Sie wirken nicht störend, sondern machen das Pflaster lebendig. Dennoch sollte alles benötigte Material vor allem bei ausgefallenen Produkten auf einmal bestellt werden, um Pflasterklinker möglichst aus einer Charge zu bekommen.

Das helle „schreiende" Orangerot oder das gediegene Rotbraun mancher Klinkerfabrikate harmonieren nicht immer mit einem naturnah angelegten Garten. Der etwas steril wirkende, klinische Charakter eines solchen Pflasters wird durch die glatte Struktur und die exakten Kanten des Klinkers noch verstärkt.

Um in möglichst vielen verschiedenen Varianten verlegt werden zu können, haben sich bestimmte Formen durchgesetzt. So sind im Normalformat die Kanten so bemessen, dass inklusive Fuge zwei Breiten eine Länge ergeben. Nicht nur Blockverbände können damit verlegt werden, sondern auch viele andere Muster.

Dazu hat man noch die Möglichkeit, die Klinker hochkant einzubauen. Zwei Seitenflächen ergeben mit Fuge eine Kopffläche. Abgrenzungen und Ränder lassen sich mit hochkant gestelltem Klinker wunderbar legen. Vom Normalformat abweichend gibt es noch eine breite Palette an anderen Größen.

Die sogenannten Kleinpflasterklinker sind für den Garten deswegen so interessant, weil sie zierlicher wirken. Wie beim Kleinpflaster lassen sich mit ihnen Schwünge, Kurven und Kreise eleganter legen als mit größeren Formaten. Neben dem klassischen, rechteckigen Ziegelformat gibt es auch quadratische Platten in Großpflastergröße und würfelförmige Kleinpflasterklinker.

Früher wurden vor allem Gehsteige (z.B. in München) und Innenhöfe mit Klinker-Gehsteigplatten gepflastert, die eine gemusterte Oberflächenstruktur aufweisen. Ob gekuppt in viele kleine Quadrate oder geviertelt mit Ringen, sie spielen für die Verwendung im Garten eine untergeordnete Rolle. Darüber hinaus sind viele Pflasterklinker mit abgerundeten Kanten oder ohne solche erhältlich.

TIPP

&.

Aufgrund des Tonvorkommens in Belgien (z.B. im Scheldebecken) oder Holland haben die Pflasterklinker ein anderes Farbspektrum als Produkte in Österreich oder Deutschland. Die Farbpalette reicht von Rotbraun über Schwarz bis Gelb, die Töne sind viel erdiger und damit zurückhaltender. Sie fügen sich in das Gesamtbild eines Naturgartens besser ein.

Vielseitig verwendbar

Eine große Rolle bei Pflaster-klinkern spielt die Art der Herstellung. Gewöhnlich werden Sie aus einem langen Strang geformt und seitlich geschnitten. Dadurch erhält man aber nur drei schöne Sichtseiten. Die beiden klei-neren Seiten-flächen und der Boden sind nicht an sichtbaren Stellen zu ver-wenden. Außer-dem gibt es bei diesem Verfahren einen Unterschied zwischen der geschnittenen, scharfen und der runden, geform-ten Kante.

Die Verwendung von Formback-pressen macht nur eine unan-sehnliche (Unter-seite) und fünf Sichtseiten möglich. Ein so erzeugter Klinker lässt sich auch an heiklen Stellen – zum Beispiel an einer freien Stufenkante – verwenden, wo der Stein von mehreren Seiten gesehen werden kann.

Anfänglich fällt beim Klinker noch eine Eigenschaft der Oberfläche auf, die aber nur für kurze Zeit von Belang ist. Die Formbackpressen müssen gesandet werden, damit sich der Ton wieder leicht aus den Formen löst. Der an der Oberfläche haftende Sand wittert schnell herunter, wie sich überhaupt der Klinker

Durch die unregelmäßigeren, abgeschlagenen Kanten eines Antik-Klinkers hat man auch bei der Fugengestaltung mehr Spiel.

nach Jahren mit einer natür-lichen Patina überzieht.

Aus Neu mach Alt: Antik-pflaster aus der Trommel

Angewitterter Klinker, an dem der Zahn der Zeit genagt hat und dessen Ecken bereits rund geworden sind, passt gut in den Garten. Der Mode entsprechend gibt es auch fabriksneuen Antikklinker mit abgeschlagenen Kanten. Die Tonpflasterklinker kom-men in eine große Trommel, und in wenigen Minuten und Umdrehungen sind die Ecken und Oberflächen abgeschla-gen. Die Natur bräuchte für diesen Vorgang Jahrzehnte.

Durch ein speziell entwickeltes Her-stellungsverfahren werden die beim Brennen üblichen Abweichungen in der Form bewusst forciert.

Farbschattierun-gen und gebro-chene Kanten bestimmen das Aussehen des „neuen" Antik-klinkers. Dadurch verliert er seine strenge Geome-trie und sein gleichförmiges Aussehen und kommt einem alten, „antiken" Pflasterklin-ker sehr nahe. Die Originale sind ebenfalls im Handel, oftmals auch halbiert (und damit zahlenmäßig verdop-pelt) und haben ihren stolzen Preis.

Fischgrätmuster und andere Ornamente

Selten bestimmt die Verlegungsart eines Materials so sehr den Gesamtcharakter eines Pflasters, wie es bei Klinker der Fall ist. Der Grund liegt in seiner einfachen und schlichten Form, die viele Variationen offen lässt. Fantasie und Spielereien mit Mustern hängen nicht zuletzt vom Vermögen des Planers und Verlegers ab. Formen- und Farbenreichtum des Materials ermöglichen eine breite Palette an gestalterischen Möglichkeiten.

Da Klinker flach oder hochkant verlegt werden kann, bietet sich eine weitere Möglichkeit, Abwechslung ins Pflaster zu bringen. Ob bei Einfassungen oder als Fischgrätmuster, ein hochkant verlegtes Pflaster wirkt wegen seiner feineren Struktur immer elegant und zugleich dynamisch. Im Rhythmus der kleinen Flächen und Fugen liegt sein besonderer Reiz. Wenn es passt, kann man die verschiedenen Farben oder Formate miteinander kombinieren.

Ausgetüftelte Details, die sorgfältig geplant werden müssen, machen besonders kleinere Flächen lebendig. Große Flächen sollten nicht zu verspielt gestaltet werden, da die vielen Details das Auge nur verwirren und ermüdend wirken.

Oft sind hier ein schlichter Längs- oder Blockverband schöner anzusehen als komplizierte Muster.

Enge Schwünge lassen sich am besten mit hochkant verlegten Klinkern bewältigen, weil man sich mit den vielen Fugen am besten um die Kurven schwindeln kann. Doch das ist auch eine Preisfrage, denn beim Format 206 x 102 x 50 mm braucht man pro Quadratmeter flach verlegt 47 Stück und hochkant 94 Stück, also genau doppelt so viel.

Pflaster, Mauer, Treppe

Meist bieten die Hersteller zu einem Farbton Pflaster- und Mauerklinker in verschiedenen Stärken an. Ob architektonisch in strenger Form gemauert oder eher organisch rund, mit Klinker lassen sich auch sehr gut Wasserbecken und Brunnen, passend zum Pflaster, bauen.

Aufgemauerte Beete mit unterschiedlichen Höhen, Pflanztröge und Einfassungen, Sitzmauern, Zäune, Treppen und Stiegen sind eine weitere Möglichkeit, Klinker im Garten zu verwenden.

TIPP

Podeste in einer Klinkertreppe, gepflastert mit anderen Materialien wie zum Beispiel Porphyr oder Granit, nehmen auch optisch etwas von dem manchmal eintönig wirkenden Muster, das sich aus bautechnischen Gründen ergibt. Sie setzen die Fläche von den Stufen ab und bringen Abwechslung in Form und Farbe.

Fliesen

Zwei Eigenschaften bestimmen, ob Fliesen im Freien verwendet werden können: Sie müssen frostbeständig und rutschfest sein.

Vor allem die Fostbeständigkeit ist nicht immer gegeben. Was im Haus hält, kann im Garten zerfallen. Nicht selten sieht man Terrassen mit ungeeigneten Terrakotta-Belägen, wo die relativ weiche Oberfläche mechanisch beschädigt worden ist oder der Frost sie zernagt hat.

Polierte Stein- und Marmorfliesen sind für den Außenbereich nicht geeignet. Durch ihre glatte Oberfläche haben sie keine Rutschfestigkeit. Gut geeignet für Wege und Sitzplätze sind hingegen Steinfliesen mit sandgestrahlter, rauer Oberfläche. Es gibt sie in allen möglichen Formaten.

Der große Vorteil eines Fliesenbelages liegt darin, dass sich die Fliesen durch ihre geringe Stärke mühelos schneiden lassen. So können Feinheiten und Details viel exakter und leichter gelöst werden. Auch die gestalterische Verbindung zum Haus gelingt leichter. Ein Fliesenbelag ist auch barfuß angenehm zu begehen. Damit ist er eine weitere Alternative neben Plattenbelägen oder Klinker, wenn es darum geht, eine gute Lösung um einen Pool zu finden.

Exakte Verarbeitung

Fliesen müssen immer im Dünnbettverfahren (max. 1 cm Fliesenkleber auftragen) und auf ausgehärtetem Betonboden verlegt werden. Bei unsachgemäßer Arbeit zeigen Sie bald dort ihre ersten Sprünge, wo sie nicht satt sondern hohl aufliegen. Solche Fehler nachträglich

auszubessern ist nicht nur sehr aufwändig, die neuen, helleren Fliesen fallen im bereits angewitterten, dunkleren Belag auf. Kaufen Sie ein wenig mehr Fliesen und setzen sie diese Reserve durch Lagerung im Freien ähnlichen Witterungsbedingungen aus. Müssen einzelne Fliesen ausgetauscht werden, so gibt es kaum Unterschiede im Farbton.

Schmuckstein und Mosaik

Als einzelne Farbtupfer ins Pflaster gesetzt, können schillernd bunte Keramikfliesen wie Juwelen aus dem Meer grauer Steine herausblitzen. Solche kräftigen Akzente verleihen einem Pflaster eine besondere Note. Schattige und von den Farben der Blüten etwas vernachlässigte Bereiche eines Gartens können durch kobaltblau leuchtende Fliesen zu einem märchenhaften Ort verwandelt werden. Ob als ganzes Mosaik gelegt oder zurückhaltend an wenigen Stellen eingebaut, bleibt Ihnen und Ihrer Fantasie überlassen.

Die hohe Kunst bei einem Mosaikpflaster ist, trotz der detailreichen Ausgestaltung nicht den Weg oder den Platz als Gesamtes aus den Augen zu verlieren. Allzu überladene und verspielte Muster wirken gekünstelt, bilden isolierte Inseln im Belag und lenken vom Wesentlichen ab.

Ein Weg soll nicht zu einer Materialschau verkommen, sondern auch seine Funktion übernehmen: die Schritte und nicht nur die Blicke lenken.

Die kobaltblauen, frostbeständigen Würfel aus Steinzeug (58 x 58 x 54 mm) sorgen für ungewöhnlich kräftige Farbtupfer im sonst einheitlichen Rot des Klinkerpflasters. Ihre Länge beträgt genau ein Viertel eines Pflasterklinkers.

Holz

Durch seinen warmen und angenehmen Charakter ist ein Holzpflaster ein willkommener Kontrast zu Natur- und Kunststeinen. Ob es sich um einen zu einer Terrasse erweiterten Steg beim Badeteich handelt oder einfach um einen Weg aus Rundholzpflaster, an bestimmten Plätzen fügt sich seine weiche organische Struktur am besten in die Umgebung ein. Von allen Materialien ist Holz an einem heißen Sommertag am angenehmsten mit bloßen Füßen zu begehen.

Es gibt rechteckige Kantholzpflaster, dessen einzelne Klötze von gleicher Größe sind, und einfach von Stämmen gesägte Rundhölzer. Für ein Pflaster sollten Rundhölzer verschiedenster Größe nebeneinander verwendet werden, um das Gesamtbild etwas aufzulockern und die Zwischenräume so gering als möglich zu halten.

Verlegt, verjährt, vermodert
Holzpflaster im Schatten ist nicht sinnvoll. Einerseits wird seine Haltbarkeit durch die höhere Feuchtigkeit stark vermindert. Andererseits bildet sich auf den Flächen ein

unangenehm rutschiger Belag. Holzpflaster sollte nur an jenen Orten verwendet werden, wo Sonne und Wind es nach Regen gut trocknen können. Die Haltbarkeit hängt mehr als bei anderen Materialien vom Ort und von

der Qualität der Verlegung ab. Die im Handel üblichen Produkte sind durch eine fachgerechte Druckkessel-imprägnierung vor Fäulnis geschützt, um eine lange Haltbarkeit (10 bis 15 Jahre) zu gewähren.

Der Sitzplatz wurde vor zehn Jahren mit Rundhölzern und Granit-Klein-pflastersteinen gestaltet. Holz dunkelt rasch nach, was seiner Attraktivität aber keinen Abbruch tut.

Bahnschwellen und Holzfliesen

Lärchen- und Eichenholz, das auch ohne Imprägnierung im Garten äußerst witterungsbeständig ist, sollte man gegenüber Fichte und Kiefer den Vorzug geben. Die früher häufig verwendeten Bahnschwellen sind in Verruf geraten, da Bahngesellschaften mit nicht ganz unbedenklichen Totalherbiziden arbeiteten und die Hölzer damit belastet sind. Ein Weg aus neuen und unbehandelten, abgelegenen Eichenschwellen, dazwischen Schotter oder Kiesel, hat den natürlichen Charme eines wilden Pfades und passt sehr gut in einen Naturgarten. Quadratische Holzfliesen aus druckimprägnierter Kiefer werden einfach nach dem Nut- und Feder-Prinzip aneinandergelegt und bilden so einen schachbrettartigen Belag. Sie sind vor allem für Terrassen gedacht, wo Betonböden rasch überdeckt werden können. Die geriffelte Oberfläche der Bretter macht den Belag rutschsicher. Holzfliesen weisen gegenüber Steinbelägen eine kürzere Lebensdauer und geringere Belastbarkeit auf.

Ein Weg aus Bahnschwellen passt gut zum Moorbeet. Die hellen Blüten heben sich farblich eindrucksvoll vom dunklen Holz ab.

Kieswege sind einfach anzulegen, benötigen aber mehr Pflege. Als Einfassung wurde eine Doppelreihe hochkant verlegter Klinker verwendet.

Andere Materialien

Neben den weit verbreiteten Wegebelägen wie Naturstein-pflaster, Klinker, Holz und Fliesen gibt es Materialien, die etwas in den Hintergrund gedrängt worden sind, sich aber dennoch als Belag für Wege und Plätze im Garten gut eignen.

Zeitlos: Splitt und Kies

Gebrochen als Splitt oder rund als Kies: Die kleinen Steinchen, die lange ver-schmäht wurden und schon fast in Vergessenheit geraten sind, liegen wieder im Trend. Lange Zeit galten solche Wege im Garten als wenig komfortable, billige und zugleich unpraktische Not-lösungen. Dabei widerfährt dem klassischen Wegebelag mit seiner majestätischen Vergangenheit großes Unrecht. Ausufernd lange Alleen, verspielte, in geo-metrischen Formen angelegte Blumenbeete und zu Kegeln und Kugeln zurechtgestutzte Eiben sind ebenso typische Elemente barocker Gärten wie die weitläufigen, geraden Kies- oder Splittwege, die diese Gärten durchkreuzen.

Schlicht und Elegant

Aus dem schnellen und hektischen Gehen, wie es ein Asphaltbelag möglich macht, verlangsamt sich der Schritt ganz automatisch, wenn man einen Kiesweg betritt. Im „weichen" Kies kommt man weniger schnell vorwärts, der Weg lädt zum Spaziergang durch den Garten ein. In ähnlicher Weise, wie die Kleidung oft unser Verhalten beeinflusst, bestimmt der Belag wohl auch den Gang.

Grenzen setzen

Damit sich die unzähligen Steinchen nicht gleichmäßig über Rasen oder Blumenbeete verteilen, muss der Weg an den Rändern zum Beispiel mit ins Mörtelbett gesetzten Kleinpflastersteinen oder Klinker begrenzt werden.

Wie bei allen losen Wegematerialien sind auch Splittwege sehr flexibel. Der Weg kann leicht geändert werden, wenn

er nicht mehr ins Gesamtkonzept des Gartens passt. Splittwege sind zudem schnell, einfach und kostengünstig anzulegen. Auch überzeugen sie durch Ihre schlichte Zurückhaltung. Nicht der Weg steht im Vordergrund, sondern die blühenden Sträucher, Bäume, Blumen- und Staudenbeete, die aus allen Perspektiven und Blickwinkeln betrachtet werden können.

Pflege

Es stimmt, dass Splittwege mehr Arbeit erfordern als jeder andere Belag. Wild wachsende Kräuter und Gräser sollten regelmäßig gejätet werden, um ein Überhandnehmen zu verhindern. Im Frühjahr ist es notwendig, schütter gewordene Stellen mit frischem Splitt zu beschütten. Gärten, die auch kindergerecht sein wollen, sollten auf Splittwege ganz verzichten. Auf ihnen lässt sich nur schwer Rad fahren. Außerdem verteilen laufende Kinder die Steinchen über den ganzen Garten.

Weich: Rindenmulch, Stroh und Holzhäcksel

Für provisorische Pfade durch einen Schattengarten oder als Zeilenweg für den Gemüsegarten: Rindenmulch ist prak-

tisch. So erreicht man den Kräutergarten auch bei regnerischem Wetter, ohne im Morast zu versinken. Rindenmulchwege sind nicht nur weich und daher angenehm zu begehen, sondern lassen sich auch rasch wieder verändern und beseitigen oder als Mulchdecke unter Sträuchern wiederverwenden.

Ähnliches gilt für einen Beerenobstgarten, wo Strohhäcksel auch gute Dienste als Mulch leisten kann. Naturbraun, knallgelb, leuchtendrot bis tiefschwarz: Mit gefärbtem oder ungefärbtem Holzhäcksel gestreute Wege sind eine weitere Möglichkeit, zwischen Johannisbeeren und Brombeeren einfache oder nur provisorische Wege anzulegen.

Interessant: Katzenkopf und Mäuserücken

Der Reiz eines Kieselsteinpflasters liegt in seiner Dynamik. Im Bachbett, wo sich die Kraft des Wassers der Steine bemächtigt, sie rund schleift, mitnimmt und stromabwärts immer neue Muster legt, befinden sich die Kieselsteine in stetem Fluss. Irgendwie scheint es, als hätte sich der Kiesel auch im Pflaster seine Bewegung bewahrt, obwohl die Steinchen ins Mörtelbett gedrückt wie „eingefroren" sind und der Strom gewissermaßen erstarrt ist.

Für das Pflaster eignen sich mittelgroße (4 bis 8 cm Durchmesser) flache, längliche Steine. Mit ihnen lassen sich Kreise, runde und geschwungene Formen besonders gut pflastern. Obwohl man sie selten sieht: Für Randeinfassungen, Abgrenzungen und zum Auskleiden von Regenrinnen sind Kieselsteine wie geschaffen. Einen ganzen Weg als Katzenkopfpflaster, wie dieses Pflaster auch genannt wird, zu gestalten, ist nicht immer eine gute Wahl, vor allem, wenn die Steine mit tiefem Relief verlegt wurden. Barfuß gehen ist sicher sehr gesund, darüber laufen mag vielleicht schon weniger angenehm sein. Auf Terrassen und Sitzplätzen oder frequentierten Verbindungswegen zum Haus werden sie zum Stolperstein, wenn man, beladen mit Tablett und Gläsern, den Tisch decken will. Gartenmöbel stehen nicht gerade, filigrane Tische wackeln und das schöne, teure Pflaster wird zum lästigen Ärgernis. Zudem ist ein Katzenkopfpflaster nicht leicht zu kehren und zu reinigen und kann im Winter schlecht vom Eis befreit werden.

Ein Meer aus Kieselsteinen wirft sein feines Netz aus Licht und Schatten aus.

Verlegen ins Sandbett

Kupferbrauner Klinker oder dunkler Granit, kleine Mosaiksteine oder große Porphyrplatten, bunter Häcksel oder geschnittene Rundhölzer – gestapelt oder lose in Kisten – die Frage nach der Verlegung bleibt immer noch offen.

Sollen es komplizierte Muster oder doch lieber ein schlichtes Reihenpflaster werden?

Sandbett oder Mörtelbett?

Es gibt zwei Möglichkeiten, Material zu verlegen: in Sand oder in Mörtel. Das Verlegen in Sand oder Splitt mit loser Verfugung hat viele Vorzüge. Neben dem schnelleren und daher billigeren Arbeitsablauf können kleinere Schäden (z.B. ein gesprungener Stein) ganz unkompliziert und rasch ausgebessert werden. Ohne großen baulichen Aufwand lassen sich Wege oder Sitzplätze verändern und neu gestalten. Alle Betonsteine sind darauf ausgerichtet, in Sand verlegt zu werden. Die gröbere Struktur der mit Sand eingekehrten Fugen passt viel besser zur rauen

Nur ein ins Sandbett verlegtes Pflaster lässt eine natürliche Verfugung aus Erde und Gras zu. Parkplatz, gepflastert aus Granit: gebrauchte Halbgutplatten (Fachbezeichnungen: Anderthalber, Binder), dazwischen alte 8/10er-Kleinpflastersteine und Einfassung mit „Wiener Würfel" (gebrauchtes Großpflaster 18 x 18 x 18 cm)

Oberfläche der Natursteine als die glatten, oft steril wirkenden Zementfugen.

Anders als beim Pflastern ins Mörtelbett, wo sich trotz genauer Verlegung manchmal Wasser in tieferen Fugen sammelt, trocknet ein in Sand verlegtes Pflaster besser ab. Unversiegelte Flächen sind auch ökologisch betrachtet sinnvoll und helfen zudem, Abwassergebühren zu sparen. Zwischen Pflasterdecke und Boden findet noch ein Luft- und Wasseraustausch statt. Die Fläche wird vom Wasserkreislauf der Natur nicht gänzlich abgeschnitten.

Trennfugen sind nicht nötig, Ausdehnung und Schrumpfung des Belages bei Temperaturschwankungen können durch die lose Verfugung optimal aufgefangen werden.

Zwei entscheidende Nachteile gibt es jedoch bei einer Verlegung in Sand, die sich umso stärker bei Mosaik-, Kiesel- und auch Kleinsteinpflaster auswirken: die geringere Stabilität und die schwierigere Reinigung. In einem mit Großpflastersteinen verlegten Weg liegen die einzelnen Steine aufgrund ihres relativ hohen Eigengewichtes auch dann

fest, wenn sie sich nicht gegenseitig stützen. Im Verhältnis zur Auftrittsfläche gibt es wenig Fugenflächen.

Bei einem Mosaikpflaster ist es genau umgekehrt. Kleine Pflastersteine oder Flusskiesel sind leicht und daher weniger stabil. In Sand verlegt lässt sich ein Pflaster schlechter kehren. Vor allem am Anfang, wenn sich die Fugen noch nicht so verfestigt haben, holt der Besen auch immer Sand aus den Fugen.

TIPP

🐌

Um eine schöne Form für einen kleinen, gut überschaubaren Weg zu bekommen, ist es am einfachsten, die verschiedenen Varianten direkt anzuzeichnen. Heller Sand, Kalk, Rindenmulch oder auch ein aufgelegter Gartenschlauch sind dafür geeignet. Ein Blick von oben, sei es aus dem ersten Stock, vom Balkon oder einer höher gelegenen Terrasse, verschafft den notwendigen Überblick und gibt Klarheit über die Gartensituation.

Vom Plan ins Gelände

Um einen schönen Schwung vom Plan ins Gelände über-tragen zu können, brauchen Sie im wesentlichen Pflöcke (Fluchtstäbe), einen Kübel Kalk oder hellen Sand, ein Bandmaß (30 m oder 50 m), eine Maurerschnur, einen Rollmeter und einen Helfer.

Vom Plan ins Gelände nach dem Koordinatenverfahren:

Schritt 1: Anfangs- und Endpunkt der Hauptmesslinie (parallel zum Weg verlaufende Haus- oder Zaunkante als Ausgangslinie oder Hilfslinie) werden vom Plan ins Gelände übertragen und durch eine Schnur oder ein Bandmaß verbunden.

Schritt 2: Vom Anfangspunkt (praktischerweise Nullpunkt auf dem Bandmaß) beginnend steckt man die einzelnen Zwischen-punkte (Fußpunkte) nach dem Lageplan ab.

Schritt 3: Die einzelnen Längen werden aus dem Plan abgelesen und ins Gelände übertragen. Durch die im rechten Winkel zur Hilfslinie eingezeichneten Fluchten wird der Weg in Abschnitte unterteilt. Die eingemessenen Wegpunkte sind mit Holzpflöcken oder einem Farbspray zu markieren. Der rechte Winkel kann mit Pythagoras oder der Schurschlagmethode ermittelt werden. Elegant lässt sich ein Winkel von 90° mit einem Winkelspiegel einfluchten, wie ihn Facharbeiter verwenden.

Schritt 4: Die einzelnen Wegpunkte (Pflöcke) werden mit Kalk oder einem Farbspray zu einer Linie verbunden.

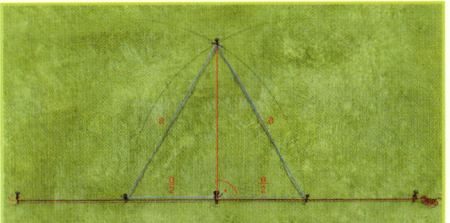

Ermittlung des rechten Winkels nach der Schnurschlagmethode: Auf einer Fluchtlinie wer-den von einem Punkt ausgehend zu beiden Seiten mit gleichem Abstand zwei Hilfspunkte abge-steckt. Von beiden Hilfspunkten aus wird mit einer Schnur ein Kreis mit dem gleichen Radius gezogen. Verbindet man den Fußpunkt und den Schnittpunkt beider Kreise, so ergibt sich ein rechter Winkel.

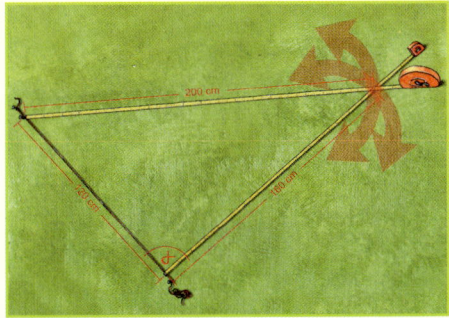

Ermittlung des rechten Winkels nach Pythagoras: Alle Dreiecke, deren Seiten im Verhältnis 3 : 4 : 5 stehen, haben einen rechten Winkel. Vervielfacht man die Seitenlängen, so ändert sich am Verhältnis nichts. Je größer die Seitenlängen gewählt werden, umso präziser lassen sich 90° mit dem stramm gespannten Bandmaß ermitteln. Auf einer Flucht-linie (Hauptmesslinie) misst man 120 cm ab. Von beiden Eckpunkten ausgehend sucht man am Rollmeter oder an einem Bandmaß die 200 cm- und die 160 cm-Marke. Wo sich beide Marken treffen, ist die dritte Ecke eines rechtwinkeligen Dreiecks.

Je mehr Koordinaten Sie vom Plan ins Gelände übertragen, um so klarer zeichnen sich auch die Konturen Ihres Weges ab. Bei langgezogenen Schwüngen reichen Abstände in mehreren Metern, in kurvenreiche Passagen sind die Distanzen etwa alle halben Meter einzumessen.

Die ungeliebte Arbeit des Einmessens sollte Sie aber auf keinen Fall davon abhalten, geschwungene Wege im größeren Stil genau zu planen. Trotz des Spielraumes für kleine Änderungen wie etwas weitere oder engere Kurven sollte der Plan möglichst genau übertragen werden.

Die Tiefe des Aushubes setzt sich aus der Höhe der einzelnen Schichten (Tragschichte + Pflasterbett) und der Materialhöhe zusammen. So müssen für einen normal begangenen Gartenweg folgende Höhen berücksichtigt werden:

Materialhöhe	. . . . 8 cm
Pflasterbett	. . . . 4 cm
Tragschichte (Frostschutzschichte)	. . . . 20 cm
Gesamthöhe = Aushubtiefe	. . . 32 cm

Improvisierte oder gar nach und nach gebaute, „gestückelte" Wege quer durch den Garten haben meist keinen so schönen Verlauf wie wohl geplante, vor allem, wenn man sie von oben betrachtet.

Technischer Aufbau

Wie tief?

Der Aufbau der einzelnen Schichten ist entscheidend für die Stabilität eines Belages. Er setzt sich aus einer Frostschutzschicht, einer Tragschicht und einem Pflasterbett (Ausgleichsschicht) zusammen, in dem das Pflaster oder der Belag schließlich verlegt wird.

Im Garten bildet die Frostschutzschichte zugleich die Tragschichte und wird nicht gesondert aufgetragen. Sie hat die Aufgabe, der Pflasterdecke einen stabilen Untergrund zu gewähren, den Kapillarstrom zu unterbinden und das Oberflächenwasser in das Erdreich abzuleiten. Mulden und Senken in der Pflasterfläche, seitliches Abbrechen oder Absacken des Belages oder über den Winter entstandene Verwerfungen durch Bodenfrost sind immer auf einen mangelhaften Unterbau zurückzuführen.

Die Stärke der Tragschicht hängt von der Bodenbeschaffenheit, den klimatischen Bedingungen und vor allem von der späteren Nutzung des Weges oder Sitzplatzes ab. Eine Garagenzufahrt oder eine befahrbare Hoffläche muss besser befestigt werden als ein nur zum Begehen gedachter Gartenweg.

Lockere, moorige und humusreiche Böden sind weich und geben nach. Sie können nur schlecht verdichtet werden. Um Senkungen des Pflasters zu verhindern, ist eine Tragschichte von 30–40 cm erforderlich. Das gleiche gilt für lehmige oder tonige Böden mit schlechtem Wasserabzug. Sie sind extrem frostgefährdet, besonders in Gebieten mit rauem Klima und lang anhaltenden Frostperioden.

Bei einem zu geringen Aufbau würde sich der gewachsene Boden unter der Pflasterdecke beim Gefrieren ausdehnen und nach oben drücken. Durch Lockerung und leichte Verschiebung der Pflastersteine kommt es zu Verwerfungen. In manchen Gegenden Österreichs kann es in sehr kalten Wintern bis zu 70 cm Bodenfrost geben. So stellt die tatsächliche Aushubtiefe von 30 cm bei normalen Gartenwegen einen vernünftigen Kompromiss zwischen vertretbarem Aufwand und Frostsicherheit dar.

Eine Tragschichtstärke von 15–25 cm ist das Mittelmaß für normal frequentierte Fußwege. Werden Wege mit Fahrzeugen (PKW) befahren, so sind 30–40 cm erforderlich. Stoßen Sie beim Graben gleich

nach der obersten, humosen Schichte auf sehr steinigen und harten Boden, der einen soliden und festen Untergrund bildet, so kann die Tragschicht bei Gartenwegen auf 10 cm reduziert werden.

Welches Material ist geeignet?

Die Tragschichte muss wasserdurchlässig und so gut wie frei von erdigem, lehmigem und organischem Material (z.B. Wurzeln) sein. Verrottende Pflanzenteile oder Erde machen die Tragschichte instabil. Am besten eignet sich ein kornabgestuftes Mineraliengemisch wie Schotter (Körnung 0/45 mm), Kalkbruch (0/30 mm) oder Kiessand (0/32 mm) mit einem geringen Prozentsatz (unter 7 %) an abschlemmbaren, feinen Bestandteilen.

Durch die verschiedenen Korngrößen lässt sich ein Mineraliengemisch im Gegensatz zu Rundschotter (Drainageschotter), der für die Tragschichte nicht verwendet werden darf, gut verdichten. Damit sich das Material nicht entmischt und sich die Feinanteile von den groben nicht trennen, muss es erdfeucht aufgetragen und verdichtet werden. In jeder Gegend gibt

Splitt 3/5 mm für das Pflasterbett

Kalkgreder 0/30 mm für die Trägerschichte

es andere geeignete Materialien, die für eine Tragschichte verwendet werden können.

Für das Pflasterbett, in das man das Pflaster verlegt, eignen sich Pflasterersand (Natursand mit der Körnung 0/2 – 0/4 mm) wie auch Splitt (gebrochener Basalt, Granit 1/3 oder 2/5 mm oder Brechsand-Splitt-Gemisch 0/5 mm) gleichermaßen. Der relativ grobe Splitt ermöglicht sehr guten Wasserabzug, doch ist er nur für ebene Flächen-

Die Wasserwaage dient beim Pflastern nicht nur der Kontrolle, ob alle Steine in der richtigen Höhe liegen, sondern auch dem Überprüfen des Gefälles. Bei einer Neigung von 2 % muss eine 1 m lange Wasserwaage horizontal ausgerichtet am anderen Ende die 2 cm-Marke eines Zollstockes erreichen.

Der Ablauf ist an der tiefsten Stelle als Sammelpunkt einzuplanen. Hier muss das Gefälle von allen Seiten zusammenführen.

Die Abdeckung aus Gusseisen passt viel besser zum Natursteinpflaster (Granit und Porphyr) als verzinkte Gitter.

pflasterungen mit gleich hohem Material wie Betonsteine zu empfehlen. Ein Natursteinpflaster mit seinen verschiedenen Steingrößen lässt sich besser in Sand verlegen. Durch die feinere Körnung des Sandes gegenüber dem Splitt liegen auch die Pflastersteine satter auf.

Gefälle und Entwässerung

Um überschüssiges Oberflächenwasser abzuleiten, das nicht mehr von den Fugen aufgenommen werden und darin versickern kann, bedarf es eines Gefälles. Im allgemeinen nimmt man bei Flächen ein Längsgefälle von mind. 1 % und ein Quergefälle von 2,5 % an. Das bedeutet 1 cm bzw. 2,5 cm Höhenunterschied auf 1 m Länge oder Breite. Bei gröberem und unebenem Natursteinpflaster wie zum Beispiel rustikalen, alten Granitplatten muss 3 % Gefälle eingerechnet werden, bei relativ ebenem Material wie Betonsteinen reichen 2 % aus.

Festlegen der Höhenmarken

Bei Terrassen steht in Form der Türschwelle meist ein bestehender Punkt fest, von dem ausgegangen werden muss. Eine lange Wiegelatte mit eingebauter Libelle (siehe Seite 68) oder eine gewöhnli-

che Alulatte mit aufgelegter Wasserwaage bestimmen, in welcher Höhe die Pflöcke unter Berücksichtigung des Gefälles entlang der Terrassenränder eingeschlagen werden müssen.

Kompliziertere Gefällesituationen, wo mehrere und vor allem größere Flächen zu einem Sammelpunkt zusammenlaufen, müssen gut ausgemessen und ausgepflockt werden. Garageneinfahrten und Lichtschächte sind ebenfalls fixe Ausgangspunkte.

Längere Strecken können auf mehrere Etappen über Zwischenpunkte (z.B. in Sand eingerichtete Klinker) gemessen werden, wodurch sogenannte Messketten entstehen. Hier schleichen sich bei weiteren Distanzen allerdings leicht Fehler ein. Bei größeren Anlagen ist das Arbeiten mit einem Nivelliergerät zum Bestimmen der Höhenpunkte die einzige Möglichkeit.

Abläufe und Rinnen

Nicht immer ist es möglich, das Wasser seitlich in die Grünflächen abzuleiten. Garagenauffahrten, zum Haus abfallende Wege, Dachterrassen oder Innenhöfe machen den Einbau einer Entwässerungsrinne oder eines Hofablaufes notwendig. Auf keinen Fall darf das Wasser auf die Straße geleitet werden. Die gängigen Ablaufrinnen aus Polyesterbeton sind 10 cm breit, 20–25 cm tief und in verschiedenen Baulängen erhältlich. Sie lassen sich gut mit einer Trennscheibe schneiden. Abdeckungen gibt es aus verzinktem Streckmetall und edlem Gusseisen.

Das vorgestanzte Loch im Rinnenboden muss ausgeschlagen und die Rohre aus Kunststoff für den Anschluss zusammengesteckt werden. Das eingebaute Innengefälle erlaubt es, die Ablaufrinne in ein 10 cm hohes Mörtelbett genau in die Waage zu setzen. Die Rinne selbst muss 0,5 cm unter dem Pflasterniveau liegen, damit das Wasser gut einlaufen kann. Mit elastischem Silikon werden die Fugen zuletzt ausgefüllt.

Der Einlaufquerschnitt der Hofabläufe (im Handel von 200 bis 400 cm²) wird nach der Pflasterfläche ermittelt. Als Richtwert gilt: 1 cm² Einlauföffnung = 1 m² Pflasterfläche. Ein Innenhof mit 350 m² kommt demnach mit einem Ablauf aus, der einen Einlaufquerschnitt von 400 cm² hat.

Schritt 1: Aushub und Aufbau der Tragschichte
Nach dem Einmessen und Anzeichnen des Weges mit hellem Sand oder Kalk (inklusive aller Höhenmessungen) kann der Boden für die Tragschichte ausgehoben werden. Bei Wegen und Sitzplätzen, die nur geringen Belastungen ausgesetzt sind und daher weniger tief gegraben werden müssen, kann der Aushub mit Spaten, Pickel, Schaufel und Schubkarren erfolgen. Doch schon bei einem 15 m langen, 1,2 m breiten Weg, der 30 cm tief ausgekoffert wird, umfasst der Aushub bereits 5,4 m³.

Ein wendiger Bobcat oder ein Kleinbagger, die auch ausgeliehen werden können, sind nicht nur für die Grabarbeiten eine große Erleichterung. Auch zum Planieren und Verteilen der Tragschichte ist es besser, mit Maschinen zu arbeiten. Bei breiteren Wegen über 80 cm sollten Sie gut 20 cm auf beiden Seiten mehr graben, bei schmäleren reichen 10 cm. Das ist nicht nur für den seitlichen Halt der Randsteine notwendig, Sie brauchen auch genügend Platz für die späteren

Die Frostschutzschichte (Kalkgreder 0/30 mm) muss mit Rechen und Schaufel etwa auf das endgültige Pflasterniveau planiert und nachher abgerüttelt werden. Bei diesem Weg betrug die Aushubtiefe 25 cm und die Höhe der Tragschichte etwa 15 cm. Die Rüttelplatte lässt sich gut zu zweit heben und in einem Kombiwagen transportieren.

Pflasterarbeiten. Haben Sie die gewünschte Aushubtiefe erreicht, so muss die Sohle des Weges mit einem Rechen (Harke) und einer Schaufel grob planiert werden. Der Aufbau auf einem gefestigten Unterboden ist für die gesamte Stabilität des Weges wichtig. Deswegen wird die Sohle mit einer Rüttelplatte durch mehrmaliges Abfahren der gesamten Fläche verdichtet.

Jetzt kann die Tragschichte mit Schubkarren und Schaufel oder Bobcat aufgetragen werden. Dabei ist zu beachten, dass sich die locker aufgetragene Schichte je nach Mineralgemisch um 30 % (Verdichtungsfaktor 1,3, d.h. für 1 m Schichte 1,3 m Material auf-

Die Ränder wurden aus einer Doppelreihe hochkant gestellter Pflasterklinker auf das künftige Wegeniveau gesetzt, das Pflaster selbst muss um einen halben Zentimeter höher gelegt und auf die gleiche Höhe abgerüttelt werden.

schütten) oder sogar etwas mehr verdichten lässt. So kann das Material etwa bis zum Pflasterniveau aufgetragen, planiert und abgerüttelt werden. In einem zweiten oder sogar dritten Arbeitsgang sind die dabei entstandenen Mulden und Erhebungen mit neuem Material so auszugleichen, dass sich ein Planum mit dem richtigen Endgefälle in einer Genauigkeit auf ± 2 cm zur Sollhöhe ergibt.

Schritt 2: Randsteine

Bei leichten Gartenwegen oder Sitzplätzen genügt es, wenn die Ränder der gepflasterten Flächen einfach wieder mit Erde verfüllt, verdichtet, planiert und mit Rasen angebaut oder mit Stauden und Sommerblumen bepflanzt werden. Eine bessere Absicherung gegen das seitliche Abrutschen der Randsteine erreichen Sie, wenn Sie entlang der Ränder einen Mörtelkeil aus Magerbeton (1 Teil Zement, 3 Teile Sand) anwerfen und etwa bis 2/3 der Steinhöhe in einem schmalen Winkel von etwa 30° hochziehen. Beide Arbeiten können nach dem Verlegen und Abrütteln der Pflasterfläche gemacht werden.

Wollen Sie eine noch bessere Befestigung der Ränder errei-

TIPP

Bei Betonsteinen, die immer direkt ins abgezogene Bett gelegt werden, empfiehlt es sich, Feinsplitt (1/3 mm oder 2/5 mm) für das Pflasterbett zu wählen, auch wenn das Material etwas teurer ist als Natursand. Der Splitt lässt sich schnell und gut abziehen und bildet einen sauberen, wasserdurchlässigen und stabilen Unterbau für das Pflaster.

chen, so müssen Sie alle Rand- und Einfassungssteine eines Sitzplatzes oder Weges auf das endgültige Pflasterniveau in ein 5 bis 10 cm hohes Mörtelbett setzen. Die Fugen sollten mit einer dafür geeigneten Fugenmasse oder einem Quarzsand-Zementgemisch im Verhältnis 2:1 verfüllt werden. Diese Arbeit muss vor dem Aufbringen des Pflasterbettes abgeschlossen sein.

Wenn die Randsteine nicht als deutliche Abgrenzung höher sein, sondern die gleiche Höhe mit dem späteren Belag haben sollen, müssen Sie darauf beim Pflastern

Rücksicht nehmen. Die in Sand oder Splitt verlegten Steine geben durch das Einrütteln (Verdichten) etwa 0,5 bis 1 cm (je nach Stabilität des Unterbaues) nach, während die Randsteine im Beton gut verankert sind. So müssen die Pflastersteine um diesen halben bis ganzen Zentimeter höher verlegt werden, um nach dem Abrütteln eine einheitliche Pflaster- und Randhöhe zu erzielen.

Schritt 3:
Pflasterbett herrichten
Nach dem Abrütteln und Planieren der Tragschichte wird das Pflasterbett aufgetragen. Seine Höhe richtet sich nach dem verwendeten Pflastermaterial. Betonsteine mit ihrer ebenmäßigen Unterseite wie auch Platten verlangen eine Stärke zwischen 2,5 und 4 cm. Zum Erstellen des Planums sind einzöllige Wasserleitungsrohre (Durchmesser von 2,5 cm) oder Formrohre (Durchmesser 3–5 cm) als Abziehhilfen ideal. Auf ihnen kann die Latte wie auf Schienen gleiten und man erreicht dadurch ein gleichmäßiges Pflasterbett. Die Rohre werden in richtiger Höhe (Gefälle) links und rechts in einem Abstand von 1–2 m parallel auf die Tragschicht aufgelegt und der Zwischenraum mit Splitt angefüllt. Das Material kann man nun mit einem Rechen oder einer Maurerkelle grob verteilen. Bevor das endgültige Planum mit einer langen Latte abgezogen wird, muss das Gefälle der Rohre nochmals mit einer Wasserwaage kontrolliert werden. Erst dann werden die Rohre entfernt und die verbleibenden Rinnen mit Splitt ausgefüllt. Gerade Bretter, an Pflöcke genagelt und auf das richtige Niveau gebracht, können ebenfalls als Abziehhilfen herangezogen werden. Diese Arbeiten geschehen am besten abschnittweise, da Sie nicht mehr in das fertige abgezogene Bett steigen sollten. Das Pflasterbett ist nun für die Verlegung bereit. Garageneinfahrten und stärker beanspruchte Wege oder Sitzplätze können

Bei maßhaltigen Materialien (siehe Seite 68) wie Betonstein wird auf dem frisch verlegten Belag kniend in das Sandbett verlegt. Das Pflasterbett (2/3 mm Splitt) wurde vorher mit Hilfe von einzölligen Wasserleitungsrohren abgezogen. Die Schaltafel schützt das Pflasterbett vor Tritten beim Materialnachschub. Steine sollten immer aus mehreren Paletten genommen und gemischt werden, um eine eventuelle Fleckigkeit der Fläche zu verhindern (siehe Schritt 4).

Die Körnung des Einkehrsandes richtet sich nach der Fugenbreite. Aufgrund der kleinen Fugen wurde mit 0/2 mm Quarzsand eingekehrt (siehe Schritt 5).

Das Abrütteln festigt das Pflaster und bringt es auf das endgültige Niveau. Anschließend werden die Randsteine mit einem Mörtelkeil zur seitlichen Fixierung versehen (siehe Schritt 6).

Derselbe Weg aus Betonsteinen (Steinmaße: 24,6 x 24,6 x 8 cm und 16,3 x 16,3 x 8 cm) nach 8 Jahren. Bei geschwungenen Wegen müssen die Fugen im rechten Winkel zu den Rändern verlaufen.

zur besseren Stabilisierung des Unterbaues nach dem Auftragen des Pflasterbettes zusätzlich abgerüttelt werden. Dabei muss allerdings das Pflasterbett, das durch die Fahrspuren der Rüttelplatte besonders in den Kurven teilweise wieder beschädigt worden ist, neuerlich abgezogen werden. Effektiver ist es, eine höhere Verdichtung von Sohle und Tragschichte noch vor dem Verlegen durch eine größere und schwerere Rüttelplatte oder eine Vibrationswalze zu erreichen. Der Belag selbst darf aber mit den schweren Maschinen nicht befahren oder abgerüttelt werden.

Schritt 4: **Verlegen ins Sandbett von maßhaltigen Materialien**

Unter maßhaltig versteht man, dass Pflastersteine oder Platten nur eine geringe Abweichung von der angegebenen Nenngröße haben. Zu erreichen sind solche kleinen Toleranzen nur durch maschinelle Fertigung wie zum Beispiel bei Betonwerkstein (Maßtoleranz ± 4 mm) und Klinker oder durch feine Bearbeitungsmethoden wie Sägen von Natursteinen. Die gleiche Höhe erlaubt es, das Pflaster oder den Plattenbelag in das hergerichtete Pflasterbett zu verlegen, ohne jeden Stein wie beim Kleinpflaster einzeln einrichten zu müssen.

Vor dem Legen selbst müssen Schnüre entlang der Terrassen- oder Wegkanten und gerader Fugenfluchten gespannt werden. Sie sollten den Arbeitsablauf beim Legen nicht behindern, leicht nachgespannt und wieder schnell entfernt werden können. Eisenstäbe von 50 cm Länge, die sich aus Bewährungsstäben (8 mm Durchmesser oder mehr) mit einem Bolzenschneider oder einem Winkelschleifer selbst leicht herstellen lassen, sind zum Spannen der Schnur ideal. Um Verletzungen durch die spitzen Enden der Stäbe vorzubeugen, sollten sie umgebogen oder auf andere Weise gesichert werden.

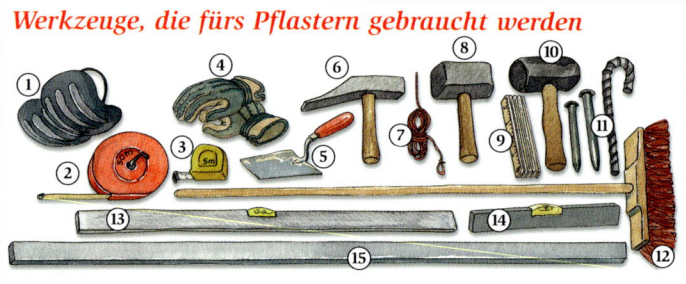

Werkzeuge, die fürs Pflastern gebraucht werden

① Knieschoner
② Messband (Bandmaß 30 m)
③ Rollmeter
④ Handschuhe
⑤ Kelle
⑥ Pflasterhammer (notfalls Maurerhammer)
⑦ Maurerschnur (gezwirnte, elastische Schnur aus Perlon, sehr reißfest)
⑧ Fäustel
⑨ Zollstock (Gliedermaßstab)
⑩ Vollgummihammer
⑪ Schnurnägel oder umgebogene Eisenstäbe
⑫ Besen
⑬ Wiegelatte (3 oder 4 m, mit Röhrenlibelle)
⑭ Wasserwaage
⑮ Alulatte 5 m

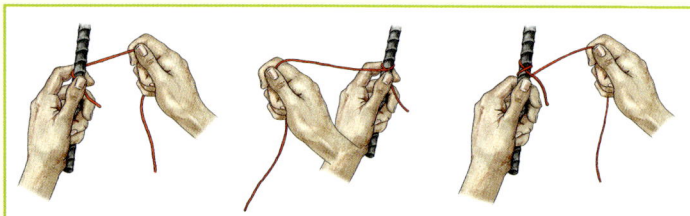

Dank der elastischen Maurerschnur und des „Pflasterknotens" lässt sich die Schnur einerseits leicht nachspannen, andererseits rasch wieder lösen.

Ein mit der Schnur umwickelter Pflasterstein ist zwar eine weniger elegante, doch einfachere und gängigere Methode. Bei schmalen, geschwungenen Wegen ist eine Schnur nicht hilfreich, weil es keine geraden Fluchten gibt, an die man sich halten könnte. Hier muss man vor allem darauf achten, dass die Fugen immer im rechten Winkel zur Wegkante verlaufen. Zum Ausgleichen kleiner Höhendifferenzen wird ein

---

TIPP

🐌

Lassen Sie sich das Pflastermaterial so nahe wie möglich zur Verlegefläche liefern. Ideale Plätze wären zum Beispiel entlang des Weges oder an einem zentralen Punkt im Umfeld der Terrasse. Bei mehreren verschiedenen Materialien müssen Sie vorher eine grobe Einteilung treffen, um zu wissen, wo welches Material gebraucht wird. Der Autokran des Spediteurs hebt die Paletten, Kisten oder „Big-Bags" von der Straße in den Garten hinein. Eine Transporteinheit wiegt ungefähr 1,5 Tonnen.

Gummihammer benötigt. Die Steine sollten satt aufliegen. Ein Pflasterhammer ist bei Materialien wie Klinker, Platten oder Betonsteinen nicht geeignet, da sie beim Einrichten brechen können. Ideal für einen effizienten Ablauf wäre eine Arbeitsteilung zwischen Verleger und Zuträger, der auch die nötigen Zuschnitte machen kann.

Die Kunst der Fuge

Die Fugenbreite ist immer von der Art und Größe der Pflastersteine abhängig. Große Platten und Steine verlangen eine größere Fugenbreite als kleinere. So werden Pflasterklinker oder Betonsteine in einer Fugenbreite zwischen 3 und 5 mm und Platten (um 40 x 40 cm) mit Abständen von 7 bis 10 mm verlegt. Stoßen zwei Steine aufeinander, so spricht man von Pressfugen. Es besteht kein Abstand mehr zwischen den einzelnen Pflastersteinen, was nicht nur das Auge stört, sondern auch das Einkehren von Sand verhindert. Sie gilt es zu vermeiden. Der Fugensand ist enorm wichtig für die Stabilität des Pflasters. Fehler in den Abständen, die sich nach und nach einschleichen, müssen so früh wie möglich beseitigt werden.

Spaltpresse: Klinker und Betonsteine lassen sich leicht quer brechen. Die gebrochenen Kanten unterscheiden sich kaum von den mechanisch abgeschlagenen Kanten.

Ein Schnitt mit der Nass-Schneidemaschine (Steintrennsäge) mit fahrbarem Schneidetisch dauert bei einem Pflasterklinker etwa 2 Minuten. Für gesägte Plattenbeläge mit vielen Zuschnitten oder einem Pflaster mit kleinen, genauen Pass-Steinen ist diese Maschine unentbehrlich. Bei wenigen Schnitten kann auf eine Trennscheibe mit diamantbesetzer Stahlscheibe ausgewichen werden.

Bei größeren Flächen hat es sich bewährt, Richtsteine auf das Niveau zu setzen, um über längere Distanzen arbeiten zu können. So werden erst die Ränder gelegt und danach die Flächen ausgefüllt. Mit einer 4 m langen Alulatte muss das Gefälle auch über längere Strecken von Zeit zu Zeit überprüft werden. Die 2 m kurze Latte mit integrierter Libelle ist zum Verlegen selbst aber praktischer.

Schritt 5: Einkehren

Bevor Sie mit dem Einkehren des Fugensandes beginnen, kontrollieren Sie noch einmal alle Fugen. Das letzte Ausrichten und Korrigieren geschieht am besten mit einer Maurerkelle. Sand der Körnung 0,6 bis 1,3 mm ist zum Einkehren geeignet. Damit sich die Fugen gut füllen, braucht es eher die feinen Anteile, und beim Stabilisieren und Verkeilen der einzelnen Pflastersteine sind die gröberen Körner im Sand hilfreich. Der Bedarf liegt zwischen 2 und 5 kg je m². Für diese Arbeit sollten Sie einen schönen, trockenen Tag wählen, weil sich feuchter Sand nur schwer kehren lässt. Jeder Straßenbesen kann zum Einkehren verwendet werden.

Schritt 6: Abrütteln

Sind die Fugen einmal gefüllt und die Fläche sauber gekehrt, wird abgerüttelt. Für diesen Zweck befestigen Sie an der Rüttelplatte einen Gummischuh (Kunststoffgleitplatte), der hilft, Klinker oder Betonsteine zu schonen und eventuelle Beschädigun-

TIPP

Rüttelplatten in verschiedenen Größen können bei manchen Baumärkten oder Maschinenverleihfirmen ausgeliehen werden.

gen (Brüche, Kratzer und Absplitterungen) zu vermeiden. Gerüttelt wird solange in der mittleren Frequenz (kann mit dem Gashebel eingestellt werden), bis das Pflaster nicht mehr nachgibt oder das gewünschte Niveau zu den Einfassungssteinen erreicht wurde.

Beim Rütteln „verschwindet" der Sand restlos in den Fugen, sodass die Arbeitsschritte Einkehren und Abrütteln mehrmals wiederholt werden müssen. Anschließend wird mit einem feinen Wasserstrahl der auf dem Pflaster verbliebene Sand vorsichtig in die Fugen eingeschlemmt, bis sie gefüllt sind. Nach ein oder zwei Wochen zeigen sich erneut Ritzen, wo noch Sand fehlt. Mit einem Kübel Sand und einem Besen lassen sich auch die letzten Löcher schließen.

TIPP

Auch kleinste, kaum merkbare Verlegefehler (z.B. etwas kleiner werdende Fugenabstände) sind sofort auszubessern, da sich Falschmessungen Stein für Stein, Reihe für Reihe summieren und am Ende nur noch schwer zu beseitigen sind. Für einen geschulten Handwerker sind kleine Abweichungen schon mit freiem Auge sichtbar, Hobbypflasterern fällt das anfangs schwer. Neben häufigem Messen der Reihenabstände, dem Einrichten der Fugenbreiten und dem Kontrollieren des Gefälles ist es hilfreich, aufzustehen und die Fläche aus einiger Entfernung anzusehen. In der Übersicht fallen gekrümmte Fugenverläufe deutlich ins Auge.

Mosaik-, Klein- und Großpflaster

Das Verlegen von Betonwerksteinen und Platten ist mit dem nötigen Know-how und handwerklichen Geschick einigermaßen einfach zu bewältigen. Ein Weg oder eine Terrasse (um 100 m²) in einfachen Verbänden lässt sich an einem Wochenende mit Helfern verlegen.

Pflastern mit Natursteinen ist jedoch etwas ganz anderes. Um das Pflastern von exakten geometrischen Mustern zu erlernen, wurden um 1900 eigene Lehren und Schulen gegründet. Manche Muster wie das Passée-Pflaster sind ganz in Vergessenheit geraten, sodass sich heute kaum noch jemand findet, der diese Variation beherrscht. Auch wenn der Beruf durch das Asphaltieren der Straßen an Bedeutung verloren hat, kann er heute noch von der Pike auf erlernt werden.

Um dieses Handwerk zu beherrschen, bedarf es nicht nur eines hohen Maßes an Geschicklichkeit im Umgang mit dem Material selbst, auch das Auge muss auf besondere Weise geschult sein. Ein professioneller Pflasterer greift kaum einen Stein zweimal an, weil er ihn schon im Vorfeld gar nicht erst in die engere Wahl genommen hat. Zügiges gleichmäßiges Arbeiten, hohe Präzision in der Fugengestaltung und das Herstellen von genauen Pass-Steinen, um Verbände oder Lücken zu schließen, zeichnen einen Profi aus.

Jeder Pflasterer hat seine eigenen Vorlieben für Muster, Werkzeug, Technik und Material. Das Geheimnis eines Steinsetzers liegt nicht in den einzelnen Arbeitschritten, die einem Laien relativ simpel vorkommen mögen, sondern darin, Stein für Stein so zu einem Ganzen zusammenzufügen, dass eine homogen gepflasterte Fläche entsteht.

Mosaik- und Kleinpflaster

Der Aufbau bis zur Tragschichte bleibt gleich wie beim Verlegen von maßhaltigen Materialien. Um die unterschiedlichen Steinhöhen auszugleichen, muss das Pflasterbett aus Natursand in einer Stärke zwischen 3 und 4 cm mit der Schaufel grob aufgetragen werden.

Beim Pflastern mit Naturstein arbeitet man im Gegensatz zum Verlegen von Beton-steinen rückwärtsgerichtet, das heißt im Sandbett kniend. Die frisch gepflasterte Fläche ist noch zu instabil, als dass sie ein Knien und Arbeiten darauf erlauben würde. Steine könnten verrücken oder sich verdrehen. Ansatz- und Richtsteine sollten 1 cm über dem endgültigen Niveau mit richtigem Gefälle und in einem Abstand zueinander gesetzt werden, der es erlaubt, die Alulatte noch gut darüber zu

Die fünf Reihen 6/8 cm Kleinpflaster aus Porphyr werden mit 2 % Gefälle vom Haus weg gesetzt, wobei die an der Schnur liegende Außenkante des Pflasters exakt gerade verlaufen muss. Bei dem im Blockverband verlegten Klinker (206 x 102 x 50 mm) hilft eine lange Alulatte beim Einhalten der Flucht.

Knieschoner, Wasserwaage und Hammer sind die ständigen Begleiter. Die äußersten Reihen aus Granit-Kleinpflaster und Porphyr-Fluss-Stein wurden wegen höherer Stabilität ins Mörtelbett gesetzt.

legen. Mit der Kelle wird genügend Sand im Pflasterbett angehäuft. Die Steine sollten gut zu zwei Dritteln im Sand stehen und nicht „in der Luft hängen". Mit dem flachen, schaufelartigen Ende des Pflasterhammers bereitet man eine kleine Mulde, in die der Stein gesetzt wird. Da jeder eine etwas andere Höhe hat, braucht es viel Übung, um zu wissen, welcher Stein wie gebettet werden will.

Die Pflastersteine werden „auf knirsch", das heißt so eng wie möglich aneinander gelegt. Am besten hält man die Auftrittsfläche etwas schräg und klopft sie mit dem Hammerende gerade auf das vorläufige Niveau. Sie sollten satt im Pflasterbett

verankert sein. Liegt der Stein zu hoch, muss er herausgenommen und etwas Sand aus seiner Bettung entfernt werden. Liegt er zu tief, wird hinterfüttert, das heißt, der Stein wird gehoben und Sand hingeschoben. Dieser Vorgang wiederholt sich hunderte, tausende Male. Stein für Stein muss je nach Muster ins Sandbett gesetzt werden, wobei es leichter ist, von den Rändern zur Mitte als umgekehrt zu arbeiten. Bei einem Reihenpflaster muss die Schnur, je nach Können, etwa jede fünfte Reihe neu gespannt werden, damit sich die Fugen nicht verlaufen.

Der häufigste Fehler, der am Anfang beim Pflastern gemacht wird, ist neben ungleichen Fugen und Mustern ein mangelhaftes Gefälle. Es zeigt sich später am unterschiedlichen Niveau der Fläche. Senken sehen aber nicht nur hässlich aus, hier bleiben bei Regen die Pfützen stehen.

Durch den Rhythmus der gleichmäßigen Arbeit vergisst man leicht, den Hammer aus der Hand zu legen und mit der Wasserwaage zu kontrollieren. Es macht Sinn, nach bestimm-

ten, vorgegebenen Abständen wie am Ende jeder Reihe mit Latte und Wasserwaage in beiden Richtungen (Längs- und Quergefälle) nach eventuellen Niveauunterschieden zu sehen und überstehende Steine hineinzuklopfen. Haben sich Senken gebildet, müssen die Steine herausge-

> ### *TIPP*
>
> *Wenn Sie wissen wollen, was Sie sich zutrauen können und was nicht, probieren Sie das Pflastern einfach aus. Sie brauchen einen Holzrahmen von 2 x 2 m, Werkzeug, Pflastersand und schönes Wetter. Kleinpflaster (6/8 oder 8/10) aus Granit in Klasse 1 (T2) wäre ein gut zu verarbeitendes Material für den Beginn. Sollten Sie sich dazu entschließen, Ihren Weg oder die Terrasse selbst zu pflastern, so ist es ratsam, mit einem erfahrenen Fachmann zusammen zu arbeiten. Viele Probleme, die vorher niemand geahnt hätte, treten erst während der Arbeit auf.*

holt und hinterfüttert werden. Einkehren und Abrütteln bis zum endgültigen Niveau gleichen den Arbeitsgängen beim Verlegen von maßhaltigen Materialien, nur ist hier kein Gummischuh an der Rüttelplatte nötig. Als Einkehrsand zum Stabilisieren des Pflasters eignet sich auf Grund der größeren Fugen auch etwas gröberer Sand (0/3 mm Körnung).

Großpflaster

Das Pflasterbett, vorzugsweise aus grobkörnigem Natursand (0/4 bis 0/5 mm), sollte beim Großpflaster 5 cm stark sein. Obwohl sich die Flächen mit großem Steinmaterial schneller pflastern und auch leichter in der Flucht halten lassen, müssen sie wegen des beträchtlichen Gewichtes ganz genau gesetzt werden. Denn jeder Stein, der wieder weggenommen werden muss, um das Bett neu herzurichten, bedeutet mühsame, ermüdende Arbeit. Minimale Unebenheiten, wie Sie beim Klein-pflaster durch das Abrütteln verschwinden, sollten beim Großpflaster schon von Beginn an vermieden werden.

Während die Fugen der ins Mörtelbett gesetzten Polygonalplatten auf der Terrasse im Vordergrund keinen Bewuchs zulassen, vergrast der in Sand gelegte Weg zunehmend. Wenn das Pflaster nicht „verschwinden" soll, muss das Gras regelmäßig entfernt werden.

Für das Einkehren der Fugen bei raueren Oberflächen ist ein Straßenbesen am besten.

Der letzte Schritt: das Einschlämmen der Fugen, bis sie mit Sand gesättigt sind.

Verlegen ins Mörtelbett

Alle Variationen und
Muster von Verbänden
können ins Mörtelbett
verlegt werden. Der
einmalige, große Auf-
wand lohnt sich.

Das Pflaster sieht auch
nach Jahren des Betre-
tens und Befahrens
nicht schäbig aus, und
manchmal ist es die
einzige Methode,
Kiesel, Fliesen oder
Naturstein dauerhaft
verwenden zu können.

Für und Wider

Ein ins Mörtelbett verlegtes Pflaster bürgt für optimale Stabilität und ist leicht zu reinigen: Abspritzen mit einem Schlauch oder Hochdruckreiniger ist kein Problem. Weder Gräser noch Kräuter können sich in den Fugen ansiedeln.

Überall, wo schon eine betonierte Platte vorhanden ist, wie auf Terrassen, Dachgärten, Balkons, Vorplätzen oder in Innenhöfen, sind für eine Verlegung des Pflasters ins Mörtelbett bereits ideale Bedingungen geschaffen. Die vielen, kleinen Auftrittsflächen eines Mosaik- oder Kleinpflasters können weniger belastet werden als ein Großpflaster, wo sich der Druck auf jeweils größere Flächen verteilt.

Dazu kommt, dass die kleinen Pflastersteine wenig Gewicht mitbringen und damit instabil sind. Aber nicht nur bei Mosaik- und Kleinpflaster bietet sich eine Verlegung ins Mörtelbett an, sondern auch bei Terrassenflächen oder Garageneinfahrten, wo höhere Belastungen zu erwarten sind als zum Beispiel bei einem Gartenweg.

Nachteile sind neben dem hohen Arbeitsaufwand (Kosten) die manchmal steril wirkenden, mit Fugenmörtel versiegelten Flächen. Durch die feste Verfugung treten Dehnungs- und Schrumpfungskräfte auf und Risse entstehen. Flexible Trennfugen sind daher notwendig.

Durch die Versiegelung der Pflasterfläche muss besonders auf das richtige Gefälle geachtet werden, da das Wasser nicht wie beim Sandbett in durchlässigen Fugen versickern kann. Bei farbigen Materialien wie frostsicheren, keramischen Fliesen oder Klinker ist häufig eine Säurebehandlung (Absäuern) zur Reinigung des Pflasters nötig (siehe Seite 81).

Technischer Aufbau

Bei schwerer Belastung
Häufig benutzte Garagenzufahrten sollten durch die höhere Belastung immer auf einem gut gefestigten Unter-

Manchmal, wie bei der Ablaufrinne aus Flusskiesel, ist ein ins Mörtelbett verlegtes und fest verfugtes Pflaster die einzige Möglichkeit. In ein Sandbett verlegt würden die Fugen vom Regen rasch ausgewaschen werden.

bau gepflastert werden. Das ließe sich zwar auch durch eine ausreichend verdichtete Tragschichte erreichen, doch fehlen im Hausgarten die schweren Walzen, wie sie der Straßenbau einsetzt.

Das Betonieren einer 10 bis 15 cm dicken Betonplatte auf der durch Abrütteln gefestigten Tragschichte ist eine gute Möglichkeit, höhere Stabilität zu erreichen. Dafür braucht man im richtigen Gefälle eingeschlagene Holzpflöcke an den Rändern, um seitlich eine Schalung mit Brettern anbringen zu können. Bei runden, geschwundenen Wegen kann dafür eine Hartfaserplatte verwendet werden. Sie lässt sich biegen und den Konturen anpassen.

Als Bewährung sind Stahlbaumatten (zum Beispiel Q188 mit einem Stabdurchmesser von 5 mm) im unteren Drittel der Betonstärke, also etwa 5 cm von der verdichteten Tragschicht entfernt, zu befestigen. Die Matten müssen mit Metallbügeln so gestützt werden, dass sie nicht durchhängen. Die Fläche sollte pro 25 m² eine Trennfuge aus einem durchgehenden Brett aufweisen, damit es nicht zu Spannungsrissen

oder zum Abbrechen der ganzen Platte kommt.Wegen der Trittschalldämmung wird die Betonplatte nicht mit dem Haus verbunden, sondern durch ein senkrecht stehendes Styroporband getrennt. Abflussrohre für Hofeinläufe, Ablaufrinnen, aber auch Strom- und Wasserleitungen müssen noch vor dem Betonieren verlegt werden.

Wenn Sie nicht selber Beton mischen wollen und es sich zudem um eine größere Fläche (ab 40 m²) handelt, lassen Sie sich die errechnete Menge Lieferbeton (Transportbeton, zum Beispiel Festigkeitsklasse B225, Konsistenz 3 und größtes Korn 16 mm: GK 16) von einem Mischwagen mit Rutsche bringen. Ist die zu betonierende Fläche nicht gleich neben einer Zufahrt, so lohnt es sich, einen Pumpenwagen zu mieten, der ein Auslaufrohr von etwa 30 m hat.

Der langsam hineingegossene Beton wird mit Eisenrechen und Schaufel planiert, durch Stampfen gut verdichtet und mit einer Latte genau im Gefälle abgezogen. Schon am nächsten Tag lässt sich die Schalung entfernen. Nach dem vollständigen Aushärten des Betons, also nach ca. drei

Wochen, kann mit dem Pflastern der Randsteine (Einfassung) begonnen werden.

Bei mittlerer Belastung
Eine weitere Möglichkeit besteht darin, gleich nach der abgerüttelten Tragschichte die Pflastersteine ins Mörtelbett zu setzen. Durch das Wegfallen der Betonplatte ist der Arbeitsaufwand zwar viel geringer, die Fläche allerdings auch weniger belastbar. Für stark frequentierte Zufahrten ist diese Variante nicht zu empfehlen, zur besseren Stabilität bei Gartenwegen und vor allem für die Traufenwege jedoch vollkommen ausreichend.

Die Tiefe des Aushubes setzt sich aus der Höhe der einzelnen Schichten (Pflasterbett + Betondecke + Tragschichte) und der Materialhöhe zusammen.

Materialhöhe . . . . 6 cm
Pflasterbett . . . . 4 cm
Betondecke (bewährt) . . . . 15 cm
Tragschichte
(Frostschutzschichte) . . . . 20 cm

Gesamthöhe = Aushubtiefe . . . . 45 cm

Die 6,5 m lange und 4,3 m breite Garageneinfahrt wurde mit 8/10 cm-Kleinstein aus Porphyr rundum eingefasst. Zwei Facharbeiter brauchten für die Einfassung etwas mehr als einen Tag. Für die Fläche von 11,63 m² wurden 2,2 t Steinmaterial benötigt.

Die Größe der ausgesparten Fläche wurde so berechnet, dass der Blockverband aus Pflasterklinkern ohne Zuschnitt auskommt. Das Mörtelbett für das Klinkerpflaster musste in einer Stärke von 7 cm abgezogen werden, da der Kleinstein eine Materialhöhe zwischen 8 und 10 cm, der Klinker aber nur 5 cm Höhe hat. Einzelne Klinker wurden herausgenommen und durch Fluss-Steine aus Porphyr ersetzt.

Verlegen ins Mörtelbett

Die Arbeitsabläufe sind dieselben wie beim Verlegen in ein Sandbett, nur dient hier Mörtel als Ausgleichsschichte. Daher müssen die Steine gleich auf das endgültige Niveau gesetzt werden. Eine vorhandene Betonplatte sollte, bevor der Mörtel mit der Kelle darüber verteilt wird, mit einer Malerbürste gut angefeuchtet oder mit Haftgrund gestrichen werden, damit eine feste Verbindung zwischen Pflaster und Platte entsteht.

Mörtel

Das Mischverhältnis Sand (z.B. 0/1 bis 0/3 mm) zu Portlandzement 275 oder Eisenportlandzement sollte 4:1 bis 5:1 betragen. Die Zugabe von Wasser muss so geschehen, dass der Mörtel erdfeucht, also weder zu trocken noch zu nass aus der Mischmaschine kommt. Hier die richtige Mischung herauszufinden, dauert eine Weile. Ist sie zu nass, „schwimmen" die Steine davon, ist sie zu trocken, gibt es keine gute Bindung zwischen Stein und Mörtel.

Korrekturen bei Fugen oder Höhen müssen sofort geschehen, da es sonst nach ein bis zwei Stunden, wenn der Zement abgebunden hat, zu spät ist. Je wärmer das Wetter ist, desto schneller bindet der Mörtel ab und wird fest. Für Pflasterklinker empfiehlt sich ein kalkarmer Trass-Zement oder ein fertiger Klinkermörtel. Das kostet zwar etwas mehr, doch können damit Kalkausblühungen nach dem Verlegen großteils vermieden werden.

Pflasterbett und Klinker liegen noch etwas höher als das endgültige Pflasterniveau. Jetzt wird die letzte Reihe mit dem Gummihammer auf das endgültige Niveau geklopft.

Mit einer leichten, langen Wiegelatte mit integrierter Libelle lässt sich das Gefälle schnell kontrollieren. Der dahinter befindliche Kleinpflasterweg aus 6/8 cm-Porphyr wurde einen Tag zuvor gepflastert, das Betreten ist bereits erlaubt.

Statt einer Schnur kann bei Klinker auf kurze Distanzen auch eine Alulatte zur Einhaltung einer geraden Flucht herangezogen werden. Beim Pflastern ist darauf zu achten, dass der Klinker gleichmäßig hineingeklopft wird, damit er satt und eben im Mörtelbett liegt.

Verfugen

Es ist ein großer Unterschied, ob man ein Sandbett einfach abzieht und dann sofort pflastert oder ständig Mörtel für die Ausgleichsschichte mischen muss, bis man endlich die Steine setzen kann. Beim Verfugen von rauen Natursteinoberflächen oder unebenen Kieselpflastern ist der Unterschied im Zeitauf-

wand noch gewaltiger. Es gibt zwar auch zum Verlegen Maschinen, die jedoch für Natursteinpflaster unbrauchbar sind. Die Bänder aus Schaumstoff, die über große Rollen laufen und das mühsame Säubern des Pflasters mit einem Schwamm ersparen sollen, zerreißen durch das raue Pflaster innerhalb kurzer Zeit. Bei Polygonalplatten-Verbänden geraten

die Räder leicht in die breiten Fugen. Bei relativ ebenen Oberflächen ist das Gerät allerdings eine große Hilfe. Die Trennfugen sollten über der Sollbruchstelle (Styroporband oder Brett in der Betonwand) sein und mit einem flexiblen und doch wasserabweisenden Material verfugt werden. Silikon in einem ähnlichen Farbton ist hier geeignet.

Ein Pflaster mit rauer Oberfläche und größeren Fugen sollte besser ausgegossen werden.

Bei einem ebenen Klinkerpflaster mit schmalen Zwischenräumen wird die Fugenmasse aufgeschüttet und mit einem Schieber verteilt. Vor dem Ausfugen darf das Pflaster nicht betreten werden, da sich sonst Steine lockern könnten.

Hat die Fugenmasse nach etwa einer halben Stunde (material- und wetterabhängig) angezogen, muss das Pflaster mit einem Fliesenlegerschwamm gesäubert werden. Oftmaliges Ausdrücken des Schwammes und ständiger Wasserwechsel sind notwendig.

Ein fest verfugtes Pflaster wirkt besonders am Anfang immer etwas steril, flach und verschleiert. Unverfugt kommt sowohl die Farbe als auch die Struktur des Mischpflasters zunächst besser zur Geltung. Nach dem Abwittern oder Absäuern des Zementschleiers zeigen sich die Steine in alter Frische.

Absäuern

Bei porösen Materialien mit feinen Poren wie Klinker bilden sich leicht Kalkausblühungen. Sie zeigen sich nicht sofort an der Oberfläche, sondern erst nach Wochen. Kalziumhydroxid, das in jedem Anmachwasser von Mörtel oder Fugenmasse reichlich vorhanden ist, steigt durch die Kapillarwirkung der feinen Poren auf und gelangt an die Oberfläche. Dort verbindet es sich mit dem Kohlendioxid der Luft zu dem schwer löslichen Kalziumkarbonat, das als hässliche weiße Ränder oder Flecken sichtbar wird.

Bei Nässe fallen sie nicht sonderlich auf, weil die Ausblühungen im Wasser transparent werden, trocknet das Pflaster aber, verliert es enorm an Attraktivität und wirkt fahl und trübe. In einem sehr langsamen Prozess wittert die aus Kalziumkarbonat bestehende Schichte ab, wobei sich aus dem Kohlendioxid der Luft und Wasser das wasserlösliche Kalziumhydrogenkarbonat bildet.

Bei jedem Material sehen die Ausblühungen anders aus. Bei Betonsteinpflaster halten sie sich in Grenzen, während Sie bei Klinkerflächen um ein Absäuern nicht herum kommen. Die oberflächliche Verschmutzung eines Zementschleiers (Grauschleier) nach dem Verfugen ist hingegen gleich zu erkennen. Die Farben des Pflasters wirken staubig und stumpf.

Klinkermörtel, Trass-Zement und Schwamm

Für das Mauern mit Klinker ist ein eigens dafür gefertigter, kalkarmer Klinkermörtel zu empfehlen, der abgesackt als fertige Mischung im Baustoffhandel angeboten wird. Für große Pflasterflächen kommt diese Variante recht teuer. Der ebenfalls kalkarme Trass-Zement wäre eine billigere Alternative dazu. Verfugte Flächen müssen mehrere Male mit dem Schwamm gesäubert werden, alle Mörtelreste sind sofort vom Pflaster zu entfernen.

Etwa drei Wochen nach dem Ausfugen kann die gesamte Pflasterfläche von Kalkausblühungen und Zementschleiern gereinigt werden. Das Absäuerungsmittel löst den verbleibenden Grauschleier und die Kalkausblühungen auf, die dann mit viel Wasser und einem Nasssauger entfernt werden. Ab 20 m² lohnt es sich, die Arbeit an eine Firma zu vergeben, die mit einer Absäuerungsmaschine schneller und effizienter arbeitet. Kleine Flächen sind händisch mit Gummihandschuhen und Bürste sauber zu bekommen. Die heute verwendeten Mittel basieren nicht wie früher auf Salzsäure, sondern auf der viel umweltfreundlicheren Ameisensäure. Seitliches Wegschlämmen des Reinigungsmittels schädigt dennoch Rasen und Pflanzen.

Ins Mörtelbett verlegte Klinkerbeläge müssen abgesäuert werden.

Muster

Alle rechteckigen und quadratischen Formate eignen sich sehr gut für lineare Verbände. Ob für ein Schachbrettmuster oder einen Römischen Verband, ein Reihenpflaster mit oder ohne Kreuzfuge, Fluchten lassen sich durch die geraden, geschnittenen Kanten gut einhalten.

Genau umgekehrt ist es bei kleinformatigen Materialien mit gebrochenen Kanten. Mit Klein- oder Mosaikpflaster lassen sich gut Schwünge, Kreise oder Bögen legen. Haben Sie sich für ein bestimmtes Muster entschieden, so sollten Sie den Schwierigkeitsgrad mitbedenken. Fangen sie beim Verlegen an einer hinteren, unscheinbaren Ecke an, anfängliche, kleine Fehler fallen dort nicht weiter auf. Nach den ersten Quadratmetern geht alles leichter von der Hand.

Unregelmäßig verlegter Plattenverband
Größere und kleinere Platten werden unregelmäßig nebeneinander verlegt. Die Abwechslung von klein und groß macht das Pflaster lebendig. Das Verlegen unterschiedlicher Plattengrößen erfordert einiges Geschick. Am besten arbeitet man hier mit bereits vom Hersteller aufeinander abgestimmtem Material (Ganz-, Halb-, und Viertelplatten), man kann sich die unterschiedlichen Formate auch selbst zurechtschneiden. Wegen der schwierigeren Verarbeitung ist Granit für den unregelmäßig verlegten Plattenverband nicht zu empfehlen. Sandstein lässt sich hingegen gut schneiden.

Reihenpflaster mit Kreuzfuge
Ideal für Platten- und Klinkerbeläge oder Großpflaster unter Verwendung von einer Steingröße. Um ein schönes Fugenbild zu bekommen, muss besonders genau (nach der Schnur) gearbeitet werden, da sich schon kleine Abweichungen bemerkbar machen. Die Ränder sollten nach Möglichkeit nicht geschnitten, sondern auch mit ganzen Steinen gepflastert werden. Größere Flächen wirken durch den strengen Fugenraster leicht monoton und langweilig.

Reihenpflaster ohne Kreuzfuge
Für Klein-und Großpflaster oder
Plattenbeläge gleichermaßen geeignet.
Durch das Ansetzen jeder zweiten
Reihe mit einem Binder oder Anderthalber wird ein Verbund erzielt. Auf
diese Weise gepflasterte Flächen wirken homogen und ruhig. Kreuzfugen
müssen vermieden werden, was
besonders beim Kleinpflaster mit
seinen unterschiedlichen Steingrößen
das Anfertigen von Pass-Steinen notwendig macht.

Pflaster mit Bischofsmützen
Die fünfeckigen Bischofsmützen sind
ein guter Randabschluss und ermöglichen es, Großpflaster auch diagonal
zu verlegen. Mit Bischofsmützen
lassen sich auch andere Muster wie
Achtecke oder Vierecke legen. Auch
für Pflasterklinker und Betonstein
bieten manche Hersteller fünfeckige
Formsteine an.

Ellbogenverbund
Hier verlaufen die Querfugen genau 90°
zur Weg- oder Terrassenkante. Der Ellbogenverbund ist eine beliebte und
materialsparende Variante für Klinkerbeläge, weil zu den Rändern hin weniger geschnitten werden muss als beim
Fischgrätverbund. Der Klinker kann
sowohl hochkant als auch flach verlegt
werden. Ein abwechselnd flach und
hochkant verlegtes Muster ist eine
Möglichkeit, den oft steril wirkenden
Ellbogenverbund etwas aufzulockern.

Natursteinplatten mit Mosaikstein
Durch die unterschiedlichen Größen
und Formen polygonaler Natursteinplatten ist es schwierig, immer die
gleichen Fugenabstände einzuhalten.
Platten und Mosaiksteine zusammen
zu verlegen ist eine praktische Variante des Mischpflasters. Hier werden
größere Zwischenräume einfach mit
den kleinen Mosaiksteinen aufgefüllt.

Fischgrätverbund
Hier verlaufen die Querfugen 45° zur
Weg- oder Terrassenkante. Der Fischgrätverbund ist das klassische Verle-
gemuster für Klinker. Durch den spitzen
Winkel muss viel geschnitten werden.
Allerdings lohnt sich die Mühe, denn
ein hochkant verlegter Fischgrätverbund ist eine Augenweide für Sitzplätze und Terrassen. Die Flächen wirken
stark strukturiert und dynamisch.

Passéepflaster
Es sieht einfach zu verlegen aus,
erfordert aber große handwerkliche
Geschicklichkeit. Die Schwierigkeit
liegt in der Gleichmäßigkeit. Man
erreicht sie durch Mischen von
rechteckigen, würfel- und vor allem
trapezförmigen Steinen, die Richtungs-
änderungen ermöglichen.

Ungewöhnliche Lösungen

Scheinbares Chaos.
Wild zusammenge-
würfelt und bunt
durcheinander ge-
mischt sieht oft nur
auf den ersten Blick so
zufällig aus. Unregel-
mäßige Formen und
das Mischen von Mate-
rialien und Farben
stellen eine große
Herausforderungen an
Geschicklichkeit und
Fantasie dar. Kunst-
voll gepflasterte Sitz-
plätze und Wege sind
mehr als nur stumme
Träger ihrer Last. Sie
haben ein Antlitz und
prägen einen Garten.

Kombination verschiedener Materialien

Flächen im Reihenverband, nur mit einem Material in genormter Größe gepflastert, wirken meist monoton und leblos. Ihnen fehlt die Spannung. Geradlinige Fugenverläufe, gleichmäßige Oberfläche und ein einziger Farbton machen das Pflaster langweilig. Hier fehlen Kontraste, die zum Beispiel den Eingangsbereich eines Hauses durch einen andersfarbigen Stein betonen.

Partnersuche

Was passt zusammen? Wollen Sie starke Kontraste setzen oder eher Variationen eines einzelnen Farbtones wiederholen? Soll es dasselbe Format sein oder bewusst ein anderes, um aus dem Verband auszubrechen?

Auch die Frage nach den unterschiedlichen Oberflächen spielt eine Rolle. Manche Pflastermaterialien, wie gebrauchte, alte Granitsteine, sind abgerieben und glatt, andere neu gespaltene zeigen sich von ihrer bruchrauen Seite. So wirken zum Beispiel Flächen mit dem glatten, gesägten Carrara Marmor isoliert in der rauen Umgebung eines neuen Granits, als einzelne Schmucksteine in ein Muster gesetzt fällt jedoch in erster Linie ihr strahlendes Weiß auf.

Bevor Sie sich über Materialkombinationen den Kopf zerbrechen, sollten Sie bedenken, dass ein Pflaster sich unter dem Einfluss von Regen, Schnee, Sonne und Eis im Laufe der Jahre verändert. Die Oberfläche verwittert. Waren die Farben am Anfang von leuchtender Frische, so dunkeln sie mit der Zeit nach und bekommen schließlich eine Alterspatina. Das heißt aber auch, dass sich die Farbkontraste mindern. Schwache Farbunterschiede von zwei Materialien verschwinden mit der Zeit. Um einen deutlichen Kontrast lange Zeit zu erhalten, müssen von Anfang an kräftige Farben gewählt werden.

Trennlinien, Abgrenzungen, Einfassungen oder Ornamente in einem Muster verlangen nach sichtbaren, markanten Farbunterschieden. Klassisch sind die Hell-Dunkel-Variationen in Ornamenten und Mustern beim Mosaikpflaster: dunkler, fast schwarzer Basalt mit weißem Kalkstein oder heller mit dunklem Granit.

Kunstvoll verlegtes Splittermosaik in Monte auf der Insel Madeira

Für den Garten interessanter als Schwarzweiß-Pflasterungen sind Kontraste in den Farben. So hebt sich ein roter Porphyr deutlich von einem hellgrauen Granit oder Sandstein ab. Ähnlich ist es beim Klinker. In Europa gibt es abhängig vom Tonvorkommen neben den ziegelroten fast schwarze (anthrazit), gelbe und rotbraune Farbtöne, die sich auch sehr gut kombinieren lassen.

Aber nicht nur gleiche oder ähnliche Materialien unter den Natursteinen können in einem Pflaster vereint werden. So lässt sich ebenso gut Klinker mit Sandstein, Betonstein mit Granit oder Holz mit Kiesel gemischt verwenden. Hier fallen nicht nur die unterschiedlichen Formate und Farben auf, jedes Material hat auch seine ganz eigene, unverwechselbare Ausstrahlung, die durch andere Nachbarn noch mehr zur Geltung kommt.

So lockert ein Pflasterklinker mit seinem hellen Rot nicht nur die Fläche farblich auf, er ist auch viel wärmer als Stein. Unregelmäßige Inseln von Rundholzpflaster in einem Belag von Betonsteinen mit gebrochenen Kanten sind eine gute Alternative zum einheitlichen Grau. Die Rundhölzer müssen allerdings nach etwa 10 bis 15 Jahren erneuert werden.

Steigern können Sie die Kontraste noch, wenn Sie Farben und Formate bewusst gegeneinander ausspielen. So kommen gelbe, quadratische Sandsteinplatten noch mehr zur Geltung, wenn Sie von Reihen mit dunklem Basalt oder Granit durchlaufen werden. Doch man kann es auch übertreiben. Beim Mischen verschiedener Materialien sollten Sie darauf achten, dass hier nicht zu krasse Gegensätze wie zum Beispiel achteckige Betonsteinplatten mit Natursteinpflaster gemischt werden. Die gepflasterte Fläche ergibt dann keine Einheit.

Ebenso lassen sich quadratische schlecht mit Polygonalplatten zusammen verwenden. Die einen wurden gegossen oder gesägt und verlangen nach einer Symmetrie, die anderen sind einfach gespalten und naturbelassen und wollen „wild" und ohne gerade Fluchten verlegt werden. Bei der Arbeit selbst ergeben sich größte Schwierigkeiten, die Fugenabstände halbwegs gleich zu gestalten.

Ein unter Verwendung verschiedenster Materialien ganz kunterbunt verlegtes Pflaster bildet keine homogene Fläche, sondern ist vielmehr eine Sammlung aus Einzelsteinen. Sie sieht nicht nur hässlich aus, sondern hat auch eine unruhige Ausstrahlung. Aus diesem Grund lehnen manche ein solcher-art gestaltetes Pflaster ab. Dagegen halten andere in schlichtem Grau gestaltete Steinwüsten für fantasielos.

TIPP

☙

Wollen Sie Klinker oder Betonstein mit Naturstein mischen, so stechen die geraden Kanten gegenüber den gebrochenen sofort ins Auge. Am besten fügen sich Betonsteine und Klinker in ein Natursteinpflaster ein, wenn die Kanten vom Hersteller abgeschlagen wurden.

Gepflastert werden soll, was gefällt. Ein Materialmix, je wilder, ausgelassener und farbenfroher, ist für jene, die es immer schon etwas bunter treiben wollten, eine gute Möglichkeit. Ob es sich nun um ein „Harlekin-Pflaster" handelt, wo mitten in den Segmentbögen aus Granit knallig orange- oder andersfarbige Steine hervorblitzen, als hätte sie jemand den Verlegern beim Pflastern untergejubelt, oder um „Crazy Paving", der Weg oder Platz dominiert den Garten.

Kupferbraun, Bordeauxrot und Schwarzbraun

Was bei anderen Belägen tunlichst vermieden werden sollte – ein „fleckiges" Pflaster aufgrund der leichten farblichen Unterschiede zwischen den Paletten – wird bei manchen Erzeugern forciert: ein Mix aus ähnlichen Farben. Aus der Summe der vielen Schattierungen setzt sich das Pflaster zusammen. So gibt es Hersteller, die drei verschiedene Farben von Pflasterklinkern – Kupferbraun, Bordeauxrot und Schwarzrot – in Paletten vermischt verpackt anbieten. Durch die feinen

Materialmix aus Klinker, Porphyr-Kleinpflaster und gebrauchten Großpflastersteinen aus Granit

Nuancen in einem ähnlichen Farbton wirkt ein derart verlegtes Pflaster sehr lebendig. Nicht die einzelnen Klinker fallen auf, dafür sind die Unterschiede zu gering. Die Fläche bekommt ein Kolorit aus vielen Farben. Je nachdem, von welcher Seite man sie betrachtet, wirkt sie einmal dunkler, bräunlicher, dann wieder heller, fast rötlich.

Ton in Ton

Werden verschiedene Materialien mit ähnlichen Farben kombiniert, so ergeben sich daraus sehr interessante Motive. Der Reiz liegt in ihrer frappanten Ähnlichkeit, obwohl beide nichts miteinander zu tun haben. Reihen von bronzegelben, hochkant gestellten Pflasterklinkern zwischen gelben Sandsteinplatten lockern

eine Fläche nicht nur auf, sie bringen auch eine klare Struktur hinein. Porphyr wiederum lässt sich gut mit rotbraunem Klinker kombiniert verlegen. Verstärkt kann dieser interessante Effekt noch werden, wenn Sie in den angrenzenden Beeten buntlaubige oder ähnlich blühende Pflanzen setzen, die noch eine weitere Nuance ins Spiel bringen.

Ein schönes Terrassendetail: Porphyr-Fluss-Steine und Mosaikpflaster werden mit kupferbraunen Klinkern kombiniert. Selbst der rotlaubige Fächerahorn scheint sich dem Farbton unterzuordnen.

Muster und Details

Bilder aus bunten Steinen

Weiße Lilien aus Marmor, dunkle Ranken aus Granit, eine Sonnenblume aus gelbem Sandstein mit schwarzer Mitte aus Basalt. In den kunstvoll verlegten Mustern und den liebevollen Details liegt wohl auch der Unterschied zwischen einem langweiligen und einem fantasievollen Pflaster. Während das eine zwar nach allen technischen und handwerklichen Regeln perfekt gelegt worden ist, fehlt ihm etwas. Das andere mag vielleicht da und dort minimale Verlegefehler in seiner ornamentalen Pracht

aufweisen, doch sie fallen nicht weiter auf. Die Aufmerksamkeit des Betrachters gilt einem Detail, einer Besonderheit, einem witzigen, originellen Einfall, der das Pflaster zu etwas Besonderem macht.

Regelmäßige Unregelmäßigkeit

Einige Gartenarchitekten und Gartengestaltungsbetriebe haben sich darauf spezialisiert, das Pflaster nicht streng nach Fluchten und Fugenabständen zu verlegen, sondern eine neue Note durch das Aufbrechen starrer Muster und Gestaltungskriterien hineinzubringen. Ein Reihenpflaster wird mit großen Granitplatten

unterbrochen, einzelne Klinker herausgenommen und durch große Kiesel ersetzt oder eine große Aussparung freigelassen, um für einen Sandsteinfindling Platz zu machen. Wegränder werden nicht mühsam mit Zuschnitten liniengetreu eingehalten sondern einfach „ausgefranst" verlegt. Hie und da fehlt ein Stein, in der Lücke wächst Sternmoos.

Wilder Verband

Bei der Verwendung von unterschiedlichen Steinformaten und Größen ergibt es sich fast zwangsläufig, dass hier weder Reihenabstände noch wiederkehrende Muster eingehalten werden können. Die Fugen bei Pflastersteinen mit geraden Kanten sollten sich dennoch an einer Längsflucht und einer Querflucht richten, um zu große Fugenabstände zu vermeiden.

Aus den Fugen geraten

Manch ein Pflaster widersetzt sich allen technischen und auch gestalterischen Grundregeln und gefällt doch. Weder werden Verbände eingehalten noch Fugenbreiten, Materialhöhen, Richtungen oder Fluchten. Verschiedenartigste Steinmaterialien finden sich neben ins Mörtelbett gesetzten

Jüdisches Museum Berlin (Architekt: Daniel Libeskind)

Ein kleiner, runder Trog aus Sandstein oder Granit lässt sich gut in das Pflasterbett integrieren. Mit Wasser gefüllt könnte daraus ein kleiner Teich mit Zwergseerosen oder eine Vogeltränke werden.

Fundstücken eines Strandspaziergangs, Keramikteile neben Muscheln. Solche eigenwilligen Kreationen haben viel Witz und Charme. Sie verwandeln einen Sitzplatz oder Weg in einen liebenswerten, sehr persönlichen Ort, wo Erinnerungs- und Sammelstücke wie in einem Album ihre Geschichte erzählen.

Geplante Zufälligkeiten

Am Rand des Weges liegt versenkt ein verwitterter alter Mühlstein. Er wurde nicht akzentuiert ins Zentrum gerückt, sondern eher beiläufig ins Pflaster eingestreut. Es hat den Anschein, als wäre dem Pflasterer der Mühlstein gerade gelegen gekommen, um Material zu sparen. In ähnlichen geplanten Zufälligkeiten können auch Schleifsteine, Findlinge, handgemeißelte Platten und sogar alte, rostige Zahnräder in das Pflaster gesetzt werden. Ins richtige Licht gerückt wirken sie wie archäologische Fundstücke.

Scherbenpflaster

Ein Splittermosaik aus zerbrochenen Terrakottascherben, dazwischen hochkant verlegte Dachziegel in wellenförmigem Muster. Die Lücken wurden mit Ziegelsplitt gefüllt. Aus den kleinen, ins Pflaster eingelassenen Töpfen kriecht Efeu. Am Rand des Sitzplatzes: ein schief eingebauter ins Pflaster versinkender Tonkrug zwischen mit Flammen geschwärztem Klinker. Im Hintergrund eine halb verfallene Ziegelmauer. Solche Gedanken und Entwürfe können leicht als verrückte Idee abgetan werden. Im Garten in mühevoller Detailarbeit realisiert, bilden solch ausgefallene Pflasterungen und Motive einen magischen Anziehungspunkt.

Wandernde Wege

Wie kleine, versteinerte Mäuserücken ragen runde Buckel aus der sonst eben gepflasterten Fläche aus Porphyr. Als würden sich da und dort ein paar Pflastersteine verwandeln, erheben und gleich erstarren. Verblüffend wirkt die Umsetzung der Idee nur, wenn darauf geachtet wird, exakt das gleiche Material zu verwenden. Den aus Oberitalien stammenden, roten Porphyr können Sie als Kleinpflaster und in passender Größe dazu als runden Fluss-Stein erwerben. Auch mit Granit ließe sich ein solcher Weg realisieren.

Mit Kiesel lassen sich Flächen, die aus Betonsteinen gepflastert werden sollen, gut auflockern. Kleinere und größere Flecken herausgenommen und mit den runden Steinen verlegt, sind ein witziger Widerspruch zu den exakten Kanten und Fugen.

Deckeln, Rinnen, Abschlüsse

Ob ein gepflasterter Weg oder Sitzplatz als schön empfunden wird, liegt auch an den Details. Das Auge wird durch die ruhig verlaufenden, geradlinigen Fluchten sofort auf kleine Abweichungen aufmerksam, die den Gesamteindruck aber wesentlich prägen. Heikle Stellen, die schwierig zu verlegen sind, gibt es im Pflaster genug. Eine spitz zulaufende Fläche, Wegkreuzungen, Ablaufrinnen, Lichtschächte, das Einkleiden und Einbinden von Schachtdeckeln oder wenn mehrere Gefälle zusammenlaufen.

Wie gut die Stellen gemeistert werden, zeigt sich vor allem am Umgang mit dem Material. Werden geschwungene Wege mit rechteckigen oder quadratischen Formaten im Querverband gepflastert, so laufen die Fugen in den Kurven keilförmig auseinander. Es entstehen dreieckige Flächen, sogenannte Zwickel. Sie stellen für den Verleger eine Herausforderung dar. Einerseits soll man nicht merken, dass es sie gibt, andererseits muss das Unmögliche geschafft werden: mit einem rechteckigen Format um die Kurve kommen, gewissermaßen die Quadratur des Kreises.

TIPP

Pflastern Sie nicht von der Mitte zu den Rändern, sondern von den Rändern zur Mitte, um kleine Stückelungen an den Enden der Reihen zu vermeiden. Ein minimal größer gewählter Fugenabstand fällt weniger auf als kleine zugeschnittene Pass-Steine am Rand. Bevor Sie zu Beginn des Pflasterns die Einfassung ins Mörtelbett setzen, legen Sie noch einmal eine Reihe des Materials inklusive Fugen aus. Jetzt lässt sich noch die Einfassung verrücken. So kann ein optimaler Abstand ermittelt werden, der ohne Zuschnitt auskommt.

Umgeben vom bruchrauen und kantigen Granitpflaster bildet der abgeschliffene, runde Schleifstein eine Insel für sich.

In der Mitte ein runder Kiesel, hineingeworfen ins Pflasterbett. In konzentrischen Kreisen breitet sich wie Wellen im Wasser das Granitpflaster aus.

Pflaster und Pflanzen

Ob als Wegbegleiter, Fugen-
füller oder integriert als Insel
im Pflaster, Pflanzen sind für
die Einbindung in den Garten
ungemein wichtig. Hie und
da zeigt sich an den Rändern
verwildert im Frühling ein
Vergissmeinnicht. Kleine
Polster eines gelb blühenden
Mauerpfeffers, die sich entlang einer Fuge ausbreiten,
kündigen den Sommer an.
Und im Herbst wirbeln bunte
Blätter über das Pflaster, ehe
sie weggefegt werden. Pflanzen bringen Abwechslung in
die Steinwüsten. Das Pflaster
wirkt nicht mehr so statisch
und gleichförmig, sondern
spielt im Konzert der vier
Jahreszeiten mit.

*Eine ideale Kombination, die sich
leider selten realisieren lässt: Moos
und Pflaster*

Gras statt Zement

Frisches Grün zwischen den
Reihen eines abgerundeten,
alten Kopfsteinpflasters ist
eine schöne Alternative zu
Sand oder Zement. Zu emp-
fehlen ist diese Variante nur
bei ins Sandbett verlegtem
Großpflaster mit breiteren
Fugen. Ein Kleinpflaster wäre
binnen kurzer Zeit von den
Gräsern überwuchert. Dünne
Platten geraten durch den
Wurzeldruck der Gräser bald
in Schieflage. Beim Verfugen
mit einem Quarzsand-Erd-
Gemisch (1:1) sollte nicht
ganz auf Pflasterniveau aufgefüllt werden, damit die
Rasensamen nicht gleich fort-
gespült werden. Am besten
verdichten Sie die locker auf-
gefüllten Fugen händisch,
sodass sie etwa 1 cm unter
dem Niveau bleiben.

Hartes Pflaster, weiches Moos

Ausgesprochen schön sehen
Moospolster in den Fugen aus.
Sie lockern die strengen Linien
etwas auf und überziehen
das Pflaster mit ihrem samti-
gen, smaragdgrünen Netz.
Leider lässt sich Moos nur
schwer ansiedeln. Es kommt
von selbst oder gar nicht.

Anders das Sternmoos. Das
Nelkengewächs, das Moos

sehr ähnlich sieht, wächst
auf gutem, humosem Stand-
ort in Sonne bis Halbschatten.
Es kann in die Fugen entwe-
der als fertige Topfpflanze
gesetzt oder gesät werden.
Durch die ungünstigen Bedingungen wie Trockenheit und
Hitze in den Fugen verspricht
das Setzen kräftigerer Pflanzen mehr Erfolg.

Aussparungen

Ob entlang einer Hausmauer
für ein Rosenspalier und blühenden Lavendel ein Streifen
im Pflaster frei gelassen worden ist oder sich mitten in
einer gepflasterten Fläche
eine grüne Insel befindet:
Aussparungen sind eine gute
Möglichkeit, Pflanzen in
Pflasterflächen einzubinden.
Die Ränder können eben mit
dem Belag abschließen oder
sich etwas im Niveau vom
Pflaster absetzen. Aussparungen können unregelmäßig,
einfach durch das Heraus-
nehmen von Steinen ent-
standen sein, oder mit Einfassungssteinen betont
geometrische Formen anneh-
men. Es muss auch nicht
gleich ein ganzes Beet entlang einer Mauer ausgelassen
werden. Runde oder quadratische Ausnehmungen reichen
aus, um Spalierobst oder
Schlingpflanzen jenen Platz

zu verschaffen, den sie benötigen. In halbschattigen Bereichen, die geschützt hinter einer Mauer liegen, lassen sich sehr gut Moorbeete mit Rhododendren, Azaleen und vielen anderen Sträuchern und Stauden anlegen, die sauren Boden bevorzugen.

In der Gluthitze zwischen den Steinen auf einer offenen, sonnigen Fläche fühlen sich trockenheitsliebende Pflanzen wohl. Gräser wie Atlasschwingel, Lampenputzergras, Schillergras oder Federgras sind wegen ihres grazilen Wuchs aus feinen, dünnen Blättern und federleichten Ähren sehr gefragt. Durch ihre beschwingte Leichtigkeit setzen sie einen schönen Kontrast zum bodenständigen Pflaster. Zwischen dem angewitterten, alten Granitbrunnen und einer einfachen Holzbank steht ein summender Zierapfelbaum in voller Blüte. Dazu braucht es nicht viel mehr als eine kleine, kreisrunde Aussparung im Pflaster von nur etwa einem Meter.

Bäume in größere Pflasterflächen einzubeziehen hat nicht nur den Vorteil, dass hier zukünftige Schattenspender herangezogen werden, sie geben auch einen guten Sicht- und Windschutz ab.

Pflastersteine können auch als reine Zierde in Beete miteinbezogen werden. Ein Kreis Granit-Kleinpflaster um eine Vogeltränke.